Flor María Rodríguez-Arenas

Dudas del Español:
La Puntuación

STOCKCERO

Copyright © Flor María Rodríguez-Arenas
of this edition © Stockcero 2015
1st. Stockcero edition: 2015

ISBN: 978-1-934768-81-5

Library of Congress Control Number: 2015946627

All rights reserved.
This book may not be reproduced, stored in a retrieval system, or transmitted, in whole or in part, in any form or by any means, electronic, mechanical, photocopying, recording, or otherwise, without written permission of Stockcero, Inc.

Set in Linotype Granjon font family typeface
Printed in the United States of America on acid-free paper.

Published by Stockcero, Inc.
3785 N.W. 82nd Avenue
Doral, FL 33166
USA
stockcero@stockcero.com

www.stockcero.com

Flor María Rodríguez-Arenas

Dudas del Español:
La Puntuación

Presentación 7
0. De la antigüedad tardía al siglo XVIII: la puntuación 11
1. Los signos ortográficos..29
1.1. Signos diacríticos 32
1.1.1 La tilde (´)...32
1.1.2. La diéresis (¨)..35
1.2. Signos de puntuación 37
1.2.1 El punto (.)..41
2.1.1 Usos lingüísticos 41
1.2.1.2 Combinado con otros signos 43
1.2.1.3 Usos no lingüísticos...46
1.2.1.4 Usos incorrectos 48
1.2.2 La coma (,) 51
1.2.2.1 Usos de la coma 51
2.2.3 El punto y coma (;)..77
2.2.3.1 Usos del punto y coma...78
2.2.4 Los dos puntos (:) 81
2.2.4.1 Usos de los dos puntos 82
2.2.5 Los paréntesis [( )]...87
2.2.5.1 Usos de los paréntesis 87
2.2.6 Los corchetes ([ ]) 91
2.2.6.1 Usos de los corchetes 91
2.2.7 La raya (—)...93
2.2.7.1 Usos de la raya 94
2.2.8 Las comillas (« », " ", ' ')......................................99
2.2.8.1 Usos de las comillas 100
2.2.9 Los signos de interrogación (¿ ?) y de exclamación (¡ !) 103
2.2.9.1 Usos de los signos de interrogación y exclamación 103
2.2.10 Los puntos suspensivos (…) 109
2.2.10.1 Usos de los puntos suspensivos..........................109
3. Los signos auxiliares 113
3.1 Guiones (-), (_)..114
3.1.1 Guion (-) 114

3.1.2 Guion bajo (_) 125
3.2 Barras (/), (//), (\), (|), (||) 125
3.2.1 Barra (/) 126
3.2.1.1 Usos de la barra 126
3.2.2 Barra doble (//) 130
3.2.2.1 Usos de la barra doble 130
3.2.3 Barra inversa (\ ) 131
3.2.4 Barra vertical o pleca (|) 131
3.2.5 Doble barra vertical o pleca doble (||) 132
3.2.6 Antilambda o diple (< >) 133
3.2.6.1 Usos de la antilambda 134
3.2.7 Llave ({ }) 135
3.2.7.1 Usos de la llave 135
3.2.8 Apóstrofo (') 136
3.2.8.1 Usos del apóstrofo 136
3.2.9 Asterisco (*) 138
3.2.9.1 Usos del asterisco 138
3.2.10 Flecha (→,←,↔,↑,↓,↕) 140
3.2.10.1 Usos de la flecha 141
3.2.11 Calderón (¶) 142
3.2.12 Párrafo (§) 143
4. Otros símbolos o signos comunes 144
4.1 Bolaspa (⊗) 145
4.2 Arroba (@) 145
4.3 Derechos de autor (©) 145
4.4 Grado (°) 146
4.5 Marca registrada (®), (™) 146
4.6 Símbolos monetarios 146
4.7 & et (lat.: y) 147
4.8 Signos de las matemáticas (+, -, ±, <, >, =, ≤, ≥, ≠, ~=, ÷, !, ∫, ∞, √,) 148
4.9 Obelisco o daga (†) 148
Bibliografía 149

Presentación

La escritura es una destreza que tiene una parte técnica: la puntuación; estos signos pueden asimilarse con éxito mediante el interés y la práctica; porque para aprender a escribir se necesita escribir, pero también se debe corregir. No obstante, no se puede aprender a escribir bien si no se emplean adecuadamente estos signos.

Este es un proceso, como muchas circunstancias de la vida, que requieren tiempo y diligencia. La experiencia que se adquiere con la práctica de la escritura permite comunicar eficazmente, llevar el mensaje por diferentes caminos: narrar, criticar, persuadir, impresionar, dramatizar, moderar, revelar, anticipar; en fin, los propósitos son interminables.

Los signos ortográficos son las columnas esenciales de una estructura comunicativa que acceden a que esta se levante, se muestre sólida y elegante, y que permanezca o que se presente llena de fisuras que la hacen fracasar sin tener oportunidad de transmitir su contenido. El buen uso de la técnica que ellos representan se encuentra en las páginas de este libro. Cada uno de los signos tiene su función y su empleo apropiado; cada uno de ellos puede complementar a otros para producir un mejor resultado. La omisión o el mal empleo de aquellos signos que se necesitan en un momento determinado hacen que el mensaje se deforme y la intención del escritor se pierda en el caos y la incomprensión.

En cada sección se presenta un signo ortográfico, su función, su correlación con otros signos y se muestran los errores que no se deben cometer por el mal uso o por su ausencia. Estas normas se han establecido y regulado desde que el ser humano ha emitido textos escritos; es decir, no son resultado de un instante o de un capricho de alguien; sino el producto del trabajo que se ha realizado por siglos para que la comunicación sea efectiva.

Una de las ventajas del presente es el tener este trabajo técnico ya sólidamente estructurado y regulado. En el pasado, durante siglos, existieron diversas tendencias con signos diferentes, con denominaciones opuestas para el mismo signo, procedentes de varios lugares. Cada uno quería imponer su propio sistema para todos los países y los idiomas; esta situación hacía de la escritura una labor muy difícil porque los idiomas como las personan tienen su propia idiosincrasia, la cual se debe respetar.

La puntuación entre el inglés y el español presenta diferencias que no son transmisibles ni intercambiables cuando se escribe un texto que intenta comunicar un mensaje en una de esas dos lenguas. En la escritura en cualquier idioma se deben tener en cuenta los aspectos formales que la estructuran y la distinguen de otras.

El hecho de que en el mundo globalizado en el que vivimos la influencia del inglés sea generalizada, no significa que escribamos en español, con normas para el inglés. Incluso la Modern Language Association (MLA) en su manual[1] enfatiza el respeto por la escritura de las otras lenguas cuando se citan en un texto en inglés (MLAm, 66); también lo hace con el empleo de mayúsculas y con la manera de ex-

---

1   El manual del MLA se citará en este texto como MLAm.

poner las formas dobles que presenta la identificación de las personas con los nombres y apellidos en español cuando se escribe en inglés (MLAm, 110-112). Lo que se debe tener muy presente es que las normas para escribir en inglés no son las que se requieren para escribir en español. Existen diferencias, idiosincrasias, que deben respetarse.

También se debe entender que la escritura no es la reproducción de la oralidad; se puede ser muy hábil hablando, pero en el momento en que esas ideas se plasman mediante la escritura; ya no convencen a nadie, porque carecen de los pilares fundamentales que son los signos de puntuación. Posiblemente quien las escribió, haya revisado y leído esas nociones con la idea que tenía sobre lo que quería decir y haya efectuado pausas mentales para examinar el mensaje; pero en el momento en que no está presente para preguntarle qué quiso decir, el mensaje pierde efectividad, porque el texto es pobre y mal estructurado.

Además, las pausas que se efectúan en la oralidad están acompañadas de gestos, miradas y entonación que no se transmiten en la escritura. En la oralidad se permite la corrección inmediata para llegar a la comunicación; pero en la escritura esas ayudas extras no existen. Además, las pausas que se hacen en la oralidad no indican signos de puntuación en la escritura. Existen muchas pausas a las que no les corresponde signo de puntuación, pues ellas en la oralidad son insignificantes (son simplemente una reacción del cuerpo para buscar aire). Tampoco se debe escribir un signo de puntuación en el momento en que se hace la pausa; ya que se puede romper la estructura sintáctica básica, con lo cual se comete un serio error de escritura.

Las exhortaciones y dictámenes que se explicitan en la *Ortografía de la lengua española*, publicada por la Asociación de Academias de la lengua española (ASALE), entre las cuales se cuenta la Real Academia española (RAE), (2010) son las que se señalan en este libro por ser las normas que regulan la escritura en español. En lo posible, el exceso de términos lingüísticos que caracterizan esa publicación se ha reducido y simplificado. Cuando se necesitan esas clasificaciones, se emplean notas de pie de página para explicarlas. Sin embargo, para comprender y saber emplear la puntuación se necesita entender la clase de categorías gramaticales que se emplean y la función que ellas ejercen en la comunicación.

Desde el momento de entrar a la universidad se nos exige la elaboración reflexiva de textos; esta escritura trabajada y pulida requiere del manejo de los signos de puntuación. Por esta razón, este libro se ha escrito teniendo en cuenta los intereses de estudiantes, educadores, escritores, editores, y en general de todo aquel que esté interesado en manejar la escritura para comunicarse en esta época donde la tecnología es parte de la vida diaria y surgen nuevas formas de circulación de lo escrito.

0. De la antigüedad tardía al siglo XVIII: la puntuación

Los signos ortográficos que ayudan a interpretar y a leer los textos han sido objeto de estudio ya desde la edad clásica. No obstante, fue necesario que pasaran los siglos para que en la Hispania controlada por los visigodos, en la época que se conoce como la antigüedad tardía, surgiera Isidoro de Sevilla[2] (?-636), autor de las *Etimologías*. Esta obra trascendental que se considera la última gran obra de la antigüedad y primera de la Edad Media fue publicada c. 633, pero escrita durante casi una década antes, en la cual se diseminaron fragmentos de ella. Con la escritura del texto, Isidoro de Sevilla quiso restaurar la cultura antigua después de una época de barbarie; así, como corregir y renovar la educación entre los clérigos para que ellos ejercieran mejor su labor con la población.

Las Etimologías es en esencia un tratado enciclopédico que sigue la técnica de remontarse hasta el origen de cada concepto estudiado, porque como dice San Isidoro, conociendo el origen de una palabra «más rápidamente se conocerá su sentido». En cuanto a su estructura, la obra está constituida por una colección de veinte li-

---

[2] No se sabe dónde o cuándo nació Isidoro; pero sí que por muerte de sus padres fue educado por su hermano mayor, Leandro, quien llegó a ser el Obispo de Sevilla. Hacia 599 cuando este murió, Isidoro lo sucedió en el cargo en la misma sede. En 619, presidió el II Concilio de Sevilla; así como también lo hizo en 633 en el IV Concilio de Toledo. Fue autor de *Proemia*, *Sententiae*, *De fides catholica*, *De natura rerum*, *Chronica*, *Regula monachorum*, *Differentiae*, *Synonyma*, *Liber numerorum*, *De virilus illustribus*, *Historiae gothorum, vandalorum* y *Etymologiae*. Isidoro, así como sus tres hermanos (Leandro, Fulgencio y Florentina) fueron elevados a la santidad. Fue Canonizado por Clemente VIII en 1598 y elevado a Doctor de la Iglesia en 1792 por Inocencio XIII.

Antes de Isidoro de Sevilla, los gramáticos que escribieron sobre los signos de puntuación fueron: Probo (s. I), Quintiliano (s. I), Donato (s. IV), Diomedes (s. IV), Servio (s. IV), Sergio (s. IV), Mario Victorino (IV), Rufino (s. IV), Cledonio (s. V), Pompeyo (s. V), San Agustín (s. V), Marciano Capella (s. VI), Casiodoro (s. VI) (véase: Hubert, 81 nota 25).

bros [...]. San Isidoro trataba de dar una visión científica lo más completa posible, pero a la vez sintética y abreviada, de manera que pudiese ser comprendida y memorizada fácilmente. El resultado es un compendio que sirvió de modelo a casi todas las enciclopedias que se realizaron entre los siglos VIII y XIII (Martínez, 170).

Como se observa, esta obra contiene vasta información sobre el pasado: cultura, historia, filosofía, economía, religión, etc., lo que hizo que fuera difundida a través de innumerables manuscritos y que se convirtiera en el texto más usado durante la Edad Media (véase: Codoñer, 214). Solo en 1599 se publicó una edición de las *Etimologías* auspiciada por Felipe II.

Este libro ofrece un estudio histórico sobre los signos ortográficos, la necesidad de su empleo y la forma en que influían en los textos escritos; ya que esas marcas gráficas contenían en sí un código de interpretación que hacía los textos comprensibles. Así, en el libro 1.°, capítulo 19 «De figuris accentuum» [Sobre los signos de acentuación] Isidoro de Sevilla expuso que los gramáticos señalaban 10 signos diacríticos para diferenciar las palabras:

> agudo [´], grave [`], circunflejo [^], macron [¯], breve (˘), hyphen [‿], diástole [ɔ], apóstrofo ['], daseîa (⊢), psilé (⊣), Isidoro de Sevilla[3]

Estas marcas representaban un complejo sistema de signos de acentuación establecido desde el siglo III a. C. que los hablantes manejaban y que indicaban o bien aspi-

---

3   Véanse: S. Isidori 1599, 13-14; S. Isidori 1798, 30-31; San Isidoro de Sevilla 1982, 307; Isidore of Seville 2006, 49-50.

ración y ausencia de ella o variación en el tono y extensión de las sílabas en las palabras; es decir, señalaban los componentes prosódicos del habla; así como ciertos rasgos del origen de las palabras; como es el caso de los signos daseîa (⊢) y psilé (⊣)[4], los cuales pasaron de la «H», en algunos casos al latín y luego al español, marcando la pronunciación aspirada o ausencia de ella.

Inmediatamente después en *Etimologías* en el capítulo 20 «De posituris» [sobre los signos de puntuación], el autor habló específicamente de las marcas o señales gráficas que contribuían a que los mensajes fueran comprendidos y se pudieran transmitir; ahí señaló:

> el punto bajo o subdistinctio o comma (.)
> punto medio o distinctio media o cola (·)
> punto alto o distinctio última o periodo (˙)
> Isidoro de Sevilla[5]

Este grupo de signos representa lo que en el presente se entiende como signos de puntuación. Ahora, la *triada cola* (κώλον), *comma* (κόμμα), *periodo* (π ερίοδος) ya existía desde Probo y Quintiliano (siglo I) y presidía las lecciones de gramática desde el siglo IV (véase: Hubert, 80). Así que no es de extrañar que Isidoro de Sevilla la destacara como importante para descifrar el sentido de lo escrito[6]. Sin embargo, a lo largo de la historia hubo algunos gramáticos que privilegiaron el uso de *cola-comma* sin periodo

---

4   «Estos dos signos de acentuación los formaron los latinos a partir de la H, letra aspirada, que recompondrás si unes los dos signos. Si cortas por la mitad la H, obtendrás la daseîa y la psilé» (San Isidoro de Sevilla 1982, 307).

5   Véase: San Isidoro de Sevilla 1982, 308-309.

6   «Los signos de puntuación sirven para ir delimitando el discurso hablado por medio de *cola*, *commata* y *períodos*» (San Isidoro de Sevilla 1982, 308).

para la poesía, opuestos a la triada retórica *cola, comma, periodos* (véase: Hubert, 81).

Como se observa en las designaciones de estos últimos tres signos que Isidoro de Sevilla efectuó, ya en esa época existían diversos nombres para la misma marca de puntuación. A pesar de poseer la misma forma, lo que las diferenciaba era la posición en el renglón; ubicación que le indicaba al lector el tipo de pausa que debía efectuar. Así, el punto bajo mostraba que la suspensión era corta porque la idea no estaba completa. Mientras que el punto colocado en la mitad de la altura del renglón informaba que la pausa era mediana; finalmente, el punto alto correspondía al punto final del presente.

Ahora, en *Etimologías* en el capítulo 21 «De notis sententiarum» [Sobre los signos en los textos escritos] Isidoro de Sevilla destacó otros 26 signos:

> asterisco [✳], obelo [–], obelo sobrepuntado [↘], lemniscus [⊹],
> antigrafo puntado [Ƴ], asterisco obelado [✳→], parágrafo [⌐], positura [ʑ],
> crifia [ʊ], antissima [Ɔ], antisimma puntada [Ɒ], diple [⟩],
> diple peristíchon [⟩], diple periestigméne [⟩̇], diple obelisméne [➤],
> diple vuelta obelisméne [⟩], diple contraria obelada [⬅],
> diple supra obelada [⟩], diple recta y contraria supra obelada [⇄],
> ceraunio [✶], crisimon [⨳], Phi-Ro [⨯], áncora superior [T],
> áncora inferior [⊥], corona [⊂], álogo [ᛏ]
>
> Isidoro de Sevilla[7]

Este era un sistema de representación gráfica de componentes de la prosodia (tono, intensidad, duración), pero también de convenciones gráficas que usaban los autores

---

7   Véanse: S. Isidori 1599, 14-15; S. Isidori 1798, 32a-36; San Isidoro de Sevilla 1982, 308-312; Isidore of Seville 2006, 50-51.

para explicar el sentido de una palabra, de una frase o de unos versos. Esas notas eran factores importantes en la comunicación oral y escrita; ya que los textos estaban destinados a ser leídos en voz alta; por tanto eran imprescindibles para orientar al lector en su función de reconocer y de transmitir el significado lógico y social de los textos.

Con estos signos los autores, escribanos o lectores mostraban omisiones (*asterisco*); repeticiones (obelo); dudas (*obelo sobrepuntado*); señalaban los homófonos o los fragmentos que poseían el mismo sentido dicho con palabras diferentes (*lemnisco*); indicaban ambigüedad en las traducciones (*antígrafo puntado*); destacaban el desorden en la escritura (*asterisco obelado*); distinguían la separación de elementos (*parágrafo*); indicaban el comienzo de nueva sección (*positura*). También marcaban aspectos no esclarecidos (*crifa*); señalaban que debía haber cambio de orden (*antisimma*); explicitaban la duda sobre la elección entre dos fragmentos de sentido idéntico (*antisimma puntada*); separaban testimonios de lo escrito en libros eclesiásticos (*diple*); distinguían entre homónimos (*diple peristíchon*); advertían pasajes agregados, omitidos o alterados incorrectamente (*diple periestigméne*); desconectaban parlamentos en comedias y tragedias (*diple obelisméne*); separaban estrofa y antistrofa (*diple vuelta obelisméne*); destacaban que se hacía referencia a algo (*diple contraria obelada*); especificaban variaciones de lugar, tiempo y persona (*diple supra obelada*); enfatizaban que se había terminado en ese punto la tirada, pero que lo que seguía era igual (*diple recta y contraria supraobelada*); señalaban que los fragmentos marcados era improbales (*ceraunio*); llamaban la atención a un punto específico (*crisimon*); destacaban que se debía prestar cuidado sobre un pasaje oscuro (*Phi-Ro*); explicitaban que ese punto específico era extremadamente importante (áncora superior); denunciaban que esa sección que marcaban, era vulgarísma e inconveniente (*áncora inferior*); señalaban el final del texto (*corona*); mostraban que lo que marcaban se debía corregir (*álogo*) (véase: San Isidoro de Sevilla 1982, 308-312).

Para entender estos últimos signos, hay que tener en cuenta que la mayoría de la población desconocía la lectura y la escritura. Estas habilidades eran potestad de un grupo selecto, cuyos miembros debían tener conocimiento para comprender los textos, leerlos y transmitir a su público no solo el significado, sino también los sentimientos expresados en ellos; porque los manuscritos se presentaban en forma compacta sin separación de líneas, de sangrías o cambio de párrafos. A este grupo privilegiado que manejaba la letra y la descifraba fue al que Isidoro de Sevilla dirigió estas secciones[8]. De ahí la precisión de los preceptos que transmitió sobre las señales que los autores venían empleando por siglos.

Ahora bien, aunque hubo un esfuerzo por la sistematización de un sistema de signos de puntuación eficiente y nuevos signos se impusieron, como es el caso de la interrogación; no hubo uniformidad en la evolución de los signos de puntuación ni en sus denominaciones. Los libros encerrados en claustros no circulaban, ni la escritura y la lectura eran para todos. Se fortalecían nuevas culturas en otros

---

8   Isidoro de Sevilla amplió el repertorio de notas en los capítulos siguientes. En el 22 habló de signos taquigráficos que se utilizaban para transcribir la oralidad. En los capítulos 23 y 24 destacó el empleo de siglas en los textos de jurisprudencia y en los registros militares En el capítulo 25 mencionó lenguajes secretos y códigos que se empleaban; mientras que en el 26 comentó sobre signos que se hacían con las manos y con guiños como forma de comunicación (véanse: S. Isidori 1599, 16-17; San Isidoro de Sevilla 1982, 312-315; Isidore of Seville 2006, 51-52).

territorios que empezaban a poseer identidad geográfica, económica y política; pero todavía las naciones no se habían consolidado ni menos unificado; de ahí que la difusión de la cultura fuera fragmentaria.

En el ámbito hispánico se necesitó tanto del paso de los siglos como de la contribución de un grupo selecto de gramáticos, para que el sistema de los signos ortográficos se fuera completando y estabilizando. Los aportes efectuados en la edad clásica y en la antigüedad tardía junto con los cambios sociohistóricos, la formación de nueva lenguas y estructuración de nuevos territorios dispersaron ese conocimiento, pero no necesariamente se olvidó; quedó en los anaqueles de diversos lugares, donde poco a poco se fue estudiando.

De ese modo pasaron casi diez siglos después de Isidoro de Sevilla, para que se volviera a intentar sistematizar los signos ortográficos en la península ibérica. Así en el siglo XVI[9], más precisamente en 1502 (véase: Santiago, 174), uno de los estudiosos que habló sobre los signos de puntuación, como ayuda para la comprensión de los textos, fue Elio Antonio de Nebrija[10]. Este autor señaló sólo

---

9   La disertación doctoral de Fidel Sebastián Mediavilla (2000) sirvió de guía para encontrar nombres de autores escogidos para esta sección.

10 El autor de la primera *Gramática de la lengua castellana* (1492): «Antonio de Cala y Xarana nació en Nebrixa (hoy Lebrija), provincia de Sevilla, España, pero se cambió su "praenomen" y su apellido a imagen y semejanza de la historia latina [...], costumbre arraigada en la Italia y en la Europa del Humanismo, lo que explica que se ha conocido como Elio Antonio de Nebrija. Si bien no hay duda sobre la fecha de su muerte (Alcalá de Henares, Madrid, 3 de julio de 1522), existe controversia sobre su fecha de nacimiento por las noticias que él mismo nos da en algunos de sus escritos. En el prólogo del Vocabulario español-latino (VEL) de ¿1495? Hace constar que lo escribió con cincuenta y un años, ya que, según dice, nació un año antes de la batalla de Olmedo (1445), lo que implica que habría nacido en 1444. Añade otros datos: marché a Italia a los 19 años, estuve allí 10, serví al Arzobispo Fonseca en Sevilla, 3. Pero existen datos contradictorios [...]. En otro lugar Nebrija aduce que cuando murió el Arzobispo de Sevilla, el primero de sus mecenas, en 1473, tenía 31 años, lo que retrasaría su fecha de nacimiento. [...] estudió geometría, aritmética, álgebra, física, las Súmulas de lógica, griego, hebreo, retórica y música. Es evidente que Nebrija se interesaría por el Derecho y, especialmen-

dos signos de puntuación importantes para la lengua latina (*comma, colum*); mientras que criticó a quienes usaban períodos, vírgulas y paréntesis porque los autores clásicos latinos no los habían empleado (véase: Santiago, 276).

> comma [:], colum [.]
> (Nebrija)

Para Nebrija, *comma* marcaba las unidades que conformaban la oración; mientras que *colum* la cerraba, pero también servía para separar series de palabras seguidas sin conjunción[11] (véase: Santiago, 276). Con sólo esos dos signos se puntuaron las obras de Nebrija: *Introductiones latinae*, la *Gramática de la lengua castellana* y los prólogos del *Diccionario latino español* y del *Vocabulario español latino*; también las *Reglas de la orthographía*[12] (1517). Además, este tipo de pensamiento sobre los signos de puntuación predominaba en la época; ya que con solo esos dos signos de puntuación se publicaron la primera edición de la *Celestina* (1499) salida de las prensas de Fadrique de Basilea en Burgos; *Las sietecientas del docto e muy noble cavallero Fer-*

---

te la Teología […]. A esta lengua de la teología, es decir, a la lengua de las Sagradas Escrituras, dedicará Nebrija una importante parte de su obra y será convocado por Cisneros para formar parte del Comité de Redacción de la Biblia Políglota Complutense. […] Nebrija construirá la primera gramática romance europea y con sus dos diccionarios bilingües cambiará para siempre los moldes de la lexicografía. […] Se casa con doña Isabel Montesino de Solís en 1487 o antes y tuvo 6 hijos varones […] y una hija» (Perona, 14-22). Sus primeras obras fueron: *Introductiones latinae* (1481), *Introductiones bilingües* (1488), *Gramática latina* (¿1498?), *Poesías latinas* (1491), *Muestra de las antigüedades de España* (1491), *Diccionario latino español* (1492), *Gramática de la lengua castellana* (18 de agosto de 1492), *Vocabulario español latino* (¿1493? ¿1495?), *Elegancias romaneadas* (*Elegancias de Flisco*) (1495), *Differentiae es Laurentio Valla, Nonio Marcello et Servio Honorato Exerptae* (c1491-1495) (véase: Perona, 22-23).

11   Finalmente, concedió algo de importancia al signo de interrogación (?) que servía para hacer preguntas, pero carecía de la autoridad de los otros dos signos (véase: Santiago, 276).
12   En este ensayo se respeta la ortografía original de los textos.

nán Pérez de Guzmán (1506); *Las trescientas* de Juan de Mena, ambas obras impresas en el taller de Cronberger en Sevilla, entre otras (véase: Santiago, 279). Esta situación puntualiza la manera en que las convenciones adoptadas anteriormente solo para la poesía de emplear *cola-comma* sin periodo, se impusieron en parte para la prosa, sobre la triada retórica *cola, comma, periodos.*

En 1531[13], Alejo Vanegas o Venegas[14] escribió *Tractado de orthographia y accentos en las tres lenguas principales*. En este texto en la regla XVIII «De la puntuacion», afirmó: «la puntuación tiene tāto poder: que baste a mudar vna sentencia de bien en mal» (Vanegas, [60]). Así reconoció, para la lengua latina la presencia de seis signos de puntuación:

> comma [:], colon [.], articulus [:],
> parenthesis [( )], vírgula [/], interrogante [?]
>
> (Vanegas, [60]-[61]).

---

13 Este tratadista es considerado el segundo en producir un texto teórico sobre la puntuación después de Nebrija (véase: Sebastián Mediavilla, 39).

14 En su libro de 1531 aparece como **Vanegas.** [Vanegas]; mientras que en un testamento su apellido se encuentra como Venegas; a tal punto es la vacilación en la escritura de su apellido que en 1978, Avalle-Arce propuso que se unificara la grafía y se lo llamara Venegas (Avalle-Arce, 140).

Este escritor toledano (c. 1498) estudió artes liberales y teología, pero lo que más le interesaba era la enseñanza del arte de la gramática, de la cual dio cátedra en la Universidad de Toledo; además fue preceptor de Gramática en Madrid. El autor poseía una vasta cultura, dominaba perfectamente el latín y el griego y leía comentarios hebreos de la Sagrada Escritura. La Inquisición lo nombró censor de libros, cargo que ejerció por décadas. Contrajo matrimonio con Marina Quijada y fue padre de 7 hijos (5 hombres, 2 mujeres); pasó una vida de penurias y murió en 1562. Obras: *Tractado de orthographia* (1531); *Agonía del tránsito de la muerte con los avisos y consuelos que cerca della son provechosos* (1537); *Primera parte de las diferencias de libros que hay en el universo* (1540). *Breve declaración de las sentencia y vocablos obscuros que en el libro del tránsito de la muerte se hallan* (1543); además escribió comentarios, opúsculos, prólogos a obras, dejó textos manuscritos y quedaron todas las censuras que escribió en su trabajo para la Inquisición (véase: Zuili, 22-27).

Para él, 1) *colon* señalaba el fin de la oración; 2) *comma* cortaba la cláusula; 3) *articulus* tenía la misma forma que *comma*, pero se empleaba para remplazar conjunciones copulativas y como signo que separaba una serie de sustantivos. Esta era una de las funciones que Nebrija le había otorgado al *colum*. 4) *Parenthesis* rompía la cláusula incluyendo una explicación. Otro signo era 5) *vírgula* que servía como *comma*, remplazaba el verbo y había necesidad de hacer una pausa que no era tan larga como la que se hacía con *comma*. Finalmente, incluía 6) *interrogante*, señal que marcaba las preguntas.

De esta manera, la obra de este autor destacaba la importancia que se le iba otorgando a los signos de puntuación como instrumentos indispensables para comprender los textos escritos. No obstante, su tratado mostraba la indecisión en los usos de los signos; puesto que algunos podían ejercer las mismas funciones. Del mismo modo, explicitaba la confusión que existía en la forma de designarlos.

En 1548, el vizcaíno Juan de Ycíar[15], fundador de la Escuela Caligráfica Española, publicó en Zaragoza su *Recopilación subtilíssima: intitvlada* Orthographia pratica: *por la qual se enseña a escriuir perfectamente ansí por práctica como geometría todas las suertes de letras que más en nuestra España y fuera della se vsan. Hecho y experimentado por Iuan de Yciar Vizcayno escriptor de libros*. En ese libro señaló seis signos de puntuación:

---

15   Aprendió en Italia la caligrafía cuando era joven, luego se estableció en Zaragoza donde puso escuela y se dio a conocer por sus obras. El rey Felipe II lo hizo ir hasta El Escorial donde se convirtió en preceptor del príncipe Carlos; allí también compuso libros para la biblioteca del palacio. A los 50 años de edad se fue a vivir a Logroño donde se hizo sacerdote (véase: Gutiérrez Cabrero, 87-88). Además de *Recopilación subtilíssima*…, también publicó: *Libro intitulado Arithmética práctica* (1549). *Nuevo estilo de escriuir cartas mensageras sobre diversas materias* (1552). *Libro en el qual hay muchas suertes de letras historiadas con figuras del viejo Testamento y la declaración dellas en coplas*… (1555). *Libro subtilissimo por el qual se enseña a escreuir y contar perfectamente*… (1559). *Arte breve y provechoso de cuenta castellana y arithmetica* (1559).

> diastole [/], comma [,], colum [:],
> parenthesis [( )], nota interrogationis [?], punctum clausulare [.]
>
> (Ycíar, [128]).

Como se observa, *comma* ya señala el nombre y la forma que tiene en el presente ese signo; mientras que *colum* pasó a representar los dos puntos y el nombre del *punctum clausulare* (punto) ya se va especificando, aunque todavía va calificado por la función.

Diez años después, en 1558, Cristóbal de Villalón publicó en Amberes su *Gramática Castellana*, donde identificó ocho signos de puntuación:

> parrapho [¶], punto [.], coma [:], colum [,],
> vírgula [/], parenthesis [( )], cessura [⪎], interrogante [?]
>
> (Villalón, [86]-[89]).

Villalón empleó el calderón actual como signo de párrafo, destacando que debía aparecer al comienzo de materia o de algún aspecto nuevo; mientras que el *punto* lleva el nombre que tiene en el presente; pero solo ejerce las funciones de punto y seguido y punto final. No obstante, *coma* retrocede, ya no representa el signo actual, sino la nomenclatura de Nebrija y Vanegas; además *colum* cambia en figura a la coma del presente.

Villalón destacó el paréntesis, el signo de interrogación y la barra diagonal, con el nombre de *vírgula* con las funciones de remplazar la conjunción en una serie. También incluyó la cesura [⸌] «dos vírgulas pequeñas juntas», signo que tiene las funciones del guion en el presente, ya que la empleaba para indicar al final del renglón que «no acabo alli la dicçion o palabra, pero que se acaba en el renglon que se sigue» (Villalón, [89]). Visiblemente, la confusión de signos y nombres es preponderante en la época.

Philippi Mey[16] publicó en 1606 «De orthographia libellus vulgari sermone scriptus, ad usum tironum. Instruction para bien escribir en lengua latina y española», en donde habló de nueve signos de puntuación:

> inciso [,], colon imperfecto [;], colon perfecto [:], punto final [.], interrogacion [?], admiracion [!], parentesis [( )], dieresis [¨], division [-]
>
> (Mey, 176-177).

Mey informó los nombres concurrentes de algunos signos de puntuación; así, al *inciso* se lo denominaba también: *comma, vírgula y semipunctum*; este dividía la cláusula en secciones más pequeñas. El *colon imperfecto* (*colon minus*) hacía una división más grande que el *inciso*, pero menor que el *colon perfecto*. Ahora, el *colon perfecto* (*colon*

---

16 Felipe Mey (Valencia c.1542-Zaragoza 1612). Hijo del flamenco Juan Mey, quien fue impresor reconocido. Contrajo matrimonio con Anna Llagostera y fue padre de 5 hombres y 4 mujeres. El Arzobispo de Tarragona Antonio Agustín lo llevó de impresor a esa ciudad, donde se encargaba de vigilar, corregir y revisar la ortografía de los textos. A la muerte del Arzobispo, Mey regresó a Valencia; allí ejerció en la universidad las cátedras de Poesía y letras humanas, y griego. También ejerció en Navarra. Obras: *Rimas* (Tarragona, 1586); Traducción de los 7 primeros libros de *Metamorfosis en octava rima*. Obra de Ovidio (Tarragona, 1586), *Prosodia. De ratione quantitatis syllabarum de pedibus, de carminum generibus et de accentibus epitome* (Valencia, 1594); *Orthographia, instrucción para escrivir correctamente assí en latín como en romance* (Barcelona, 1635); *Selectas et clarissimis poetis veteribus et recentioribus...* (Valencia, 1599 y 1603); (véase: Alcina Rovira, 245-255). Se le atribuye ser el autor del *Guzmán de Alfarache* apócrifo (véase: Palomino Tizado, 1-3).

maius, mebrum) dividía las partes principales de la sentencia o donde todavía el sentido estaba incompleto. *El punto final* tenía la misma función que tiene en el presente. Lo mismo sucedía con la *interrogación*, con el signo de *admiración* y con los *paréntesis* para encerrar explicaciones. Mientras que la *diéresis* (*diaeresis*) se colocaba sobre una vocal para formar con otra vocal una sílaba. Finalmente, la *división* (*diuisionis nota*) era el guion que parte la palabra cuando no cabe al final del renglón (véase: Mey, 176-177).

Con él desparecieron algunos de los signos que Villalón había destacado (*párrafo*, *vírgula*); mientras que a la *cesura* la denominó *division*. Como se observa, eliminó o cambió de nombre algunos signos que autores anteriores habían especificado. Sin embargo, en la lista incluyó dos signos nuevos: el de *admiracion* y la *dieresis*. Es decir, aumentó el número de signos de puntuación y comenzó a señalar la presencia de los signos diacríticos.

Gonzalo Korreas[17] publicó en 1630 *Ortografia Kastellana nueva y perfeta*, donde habló de 11 signos:

> lene [´], apostrofe ['], koma o kortadura [,];
> kolon o miembro [:], hupukólon [;],
> stigmé o punto entero [.], interrogacion o pregunta [?],
> admiración [!], parenthesis o entreposizion [( )], diástole,
> division o apartamiento [¹], hufen, sounion, [-]
>
> (Korreas, 89-94).

Korreas ha sido considerado como uno de los gramá-

---

17   Gonzalo Correas (Jaraíz de la Vera - Cáceres 1571-Salamanca 1631). Estudió teología, fue becario del Colegio trilingüe; tuvo una formación helenista, hebraísta y latinista; entró a enseñar griego en la Universidad de Salamanca. En 1630 se jubiló como catedrático de la universidad; murió al año siguiente a los 60 años de edad. (véase: Bustos Tovar, 41). *Obras: Prototypi in graicam linguam Grammatici Canones* (1600); *Nueva i zierta Ortografia Kastellana* (1624); *Trilingüe de tres artes de las tres lenguas Castellana, Latina i Griega, todas en Romanze* (1627); *Vokabulario de refranes* (Salamanca, 1627); *Ortografia Kastellana nueva i perfeta* (Salamanca, 1630).

ticos del Siglo de Oro que hizo propuestas originales para que la escritura se adaptara a la representación del lenguaje hablado (véase: Sebastián Mediavilla, 62). Como se observa en el grupo de signos ortográficos que destaca este gramático se incluyen todos los de Mey, excepto la *diéresis*; no obstante incluye signos nuevos: *lene* y *apostrofe*. Al guion del presente lo denomina *hufen* y la diastole «una rraita derecha enhiesta entre las diziones ke aparta» (Korreas, 92).

Finalmente, la Real Academia Española publicó la *Orthographia española* en 1741. En este texto se habló de los siguientes signos ortográficos:

> punto (final) [.], coma [,], punto y coma [;], dos puntos [:], puntos suspensivos […], parénthesis [( )], interrogante [?], admiración [!], nota de división [-], acento [´], párrapho [§], comillas ["], asterisco o estrellita [∗], calderón [¶], manecilla [☞], [sin nombre (obelisco o daga)] [†]
>
> (RAE, 330-343)

Con este texto se normalizó definitivamente el nombre de los signos de puntuación. La labor que se realizó en ese momento se ha resumido con las siguientes palabras: «lo que se hace es simplemente desarrollar los resultados de nuestros ortografistas clásicos, que habían resuelto los problemas fundamentales» (Martínez Marín, 128). Sin embargo, se ha necesitado del transcurrir del tiempo para ir fijando varios aspectos, lo cual se ha hecho en las diversas ediciones que se han efectuado de la *Ortografía*.

Visto lo anterior, es evidente que las lenguas varían y evolucionan; debido a esas circunstancias se hace necesario clarificar los efectos que ellas soportan y que afectan la comunicación. Como parte de la ortografía se hallan los signos ortográficos, los cuales han recibido importantes estudios desde la antigüedad; ya que el mal uso de ellos influye en el sentido global tanto de la oración como del texto total. Afortunadamente hoy en día no se necesita tener profundos conocimientos como en la antigüedad tardía, ni hay que escoger entre varias propuestas para usar los signos de puntuación. Existe una única norma, la cual es imprescindible entender y utilizar para la correcta enunciación y comprensión de lo escrito.

* * *

Ahora bien, en el presente la puntuación es uno de los aspectos del español más desconocido para muchos hispanohablantes, quienes al escribir emplean el conjunto de signos ortográficos de manera inconsciente, sin saber que esos caracteres influyen tanto en la sintaxis[18] como en la semántica[19] de la oración. Esta falta de habilidad en el manejo del sistema de signos gráficos cuando se escribe, procede de la suposición de que el empleo de la puntuación depende de la elección de quien escribe y de su estilo, lo cual no es enteramente correcto; ya que existen normas que rigen el uso de estos signos. El empleo y la función de signos determinados es necesario para que el mensaje que se desea emitir, se entienda cabalmente[20].

La puntuación es un aspecto omnipresente, sutil e in-

---

18 *La sintaxis* estudia el enlace y la relación de las palabras para formar oraciones, y la relación o dependencia que estas puedan tener entre sí.
19 *La semántica* examina el modo en que los significados se atribuyen a las palabras, sus modificaciones a través del tiempo y aún los cambios que producen nuevos significados.
20 En este estudio se empleará la bolaspa: «el signo ⊗ para señalar las formas o usos incorrectos, basado en el símbolo ⊗ que se emplea en matemáticas como operador del producto directo» (Ortografía, 401).

dispensable en la escritura; su mal uso conduce a que se produzcan confusiones. Véase un ejemplo de esto[21]:

> Pedro murió repentinamente; entre sus cosas se encontró un papel con el siguiente texto: «Doy mi amor y mi fortuna a mi querida Julia no a mi adorada Teresa nunca jamás le dejaré todo a Luisa tampoco de modo alguno para las gemelas todo lo escrito es mi voluntad». La madre de Pedro queriendo entender lo que decía el papel, llamó a todas las mencionadas y le entregó una copia a cada una para que descifraran lo escrito. Muy poco tiempo después la señora tenía todas las interpretaciones.

Julia le dio la siguiente versión:

«Doy mi amor y mi fortuna a mi querida Julia. No a mi adorada Teresa. Nunca, jamás, le dejaré todo a Luisa. Tampoco, de modo alguno, para las gemelas. Todo lo escrito es mi voluntad».

Teresa interpretó el texto de esta manera:

«¿Doy mi amor y mi fortuna a mi querida Julia? No. ¡A mi adorada Teresa! Nunca, jamás, le dejaré todo a Luisa. Tampoco, de modo alguno, para las gemelas. Todo lo escrito es mi voluntad».

Luisa lo explicó de este modo:

«¿Doy mi amor y mi fortuna a mi querida Julia? No. ¿A mi adorada Teresa? Nunca, jamás. Le dejaré todo a Luisa. Tampoco, de modo alguno, para las gemelas. Todo lo escrito es mi voluntad».

Las gemelas lo resolvieron así:

«¿Doy mi amor y mi fortuna a mi querida Julia? No. ¿A mi adorada Teresa? Nunca, jamás. ¿Le dejaré todo a Luisa? Tampoco,

---

21   Este texto es una adaptación de un «testamento» que circula en diversas versiones en libros y en la red.

de modo alguno. Para las gemelas todo. Lo escrito es mi voluntad».

Mientras que la madre agregó su propia versión:

«¿Doy mi amor y mi fortuna a mi querida Julia? No. ¿A mi adorada Teresa? Nunca. Jamás le dejaré todo a Luisa. Tampoco, de modo alguno, para las gemelas. Todo lo escrito es mi voluntad».

¿Quién tenía la razón? La falta absoluta de puntuación del escrito hace imposible saber qué era lo que Pedro había querido afirmar cuando escribió el mensaje.

Como se observa, el conocimiento que muchas personas tienen de la lengua es de carácter intuitivo, interiorizado e inconsciente; no habilita para comunicarse eficazmente. Se debe diferenciar entre si se cumple o se trasgrede el sistema de reglas de puntuación del español, lo cual afecta la comprensión de los textos, la pronunciación, la entonación; ocasiona dudas, oscurece los pensamientos y causa vacilaciones.

1. Los signos ortográficos

Las partes de la lingüística que estudian los signos ortográficos son: la ortografía, la fonética (la entonación) y la sintaxis. Aunque la puntuación es uno de los aspectos primordiales para organizar la estructura y el contenido de los escritos y para pronunciarlos oralmente, es una de las áreas de la composición de los textos más descuidadas e indudablemente desconocidas por muchos. Algunas de las causas de esta situación son: 1. La sintaxis y la puntuación se enseñan separadas cuando se estudia la lengua (véase: Beneroso Otáduy 2013). 2. Debido al estilo, no se pueden establecer reglas obligatorias para ciertos casos (véase: Figueras 2000). 3. La relación entre puntuación y entonación engaña a los hablantes; puesto que se cree que los signos de puntuación reproducen los rasgos prosódicos[1] de la oralidad.

> *En general, el uso de los diferentes signos de puntuación es convencional, impuesto por la tradición, de manera que está regularizado, y la sintaxis de la frase exige el uso de una puntuación determinada.* En algunos casos, la decisión de emplear un signo determinado depende del estilo del autor, que puede recurrir a unos u otros signos con funciones y valores similares. *El uso de los diferentes signos se ajusta, así, a la modalidad de la frase y a las relaciones de significado entre sus elementos; a la sintaxis o disposición de los constituyentes de la frase, y a la fonología de determinados elementos melódicos* (Alcoba, 147), [énfasis agregado].

---

1 *La prosodia* estudia los aspectos fónicos de la lengua como: la entonación, la acentuación, el ritmo, la duración y la velocidad del habla.

En el anterior fragmento se explicita claramente que el empleo de los signos de puntuación no es solo cuestión de estilo de quien escribe; se deben conocer las relaciones que los diferentes elementos tienen dentro de la estructura de las oraciones (sintaxis); además, hay que tener en cuenta la intención emocional y afectiva de lo que se escribe.

A esa parte de la escritura que «*exige el uso de una puntuación determinada*» se dedican las siguientes páginas. El aspecto personal o estilo que debe poseer quien escriba es producto de saber cuáles son los usos y la importancia que los signos puedan poseer. Es decir, para ser claro y transmitir el mensaje apropiadamente se deben conocer las reglas del empleo de los signos ortográficos.

Ahora, **los signos ortográficos** se dividen en signos diacríticos, signos de puntuación y signos auxiliares (Ortografía, 278).

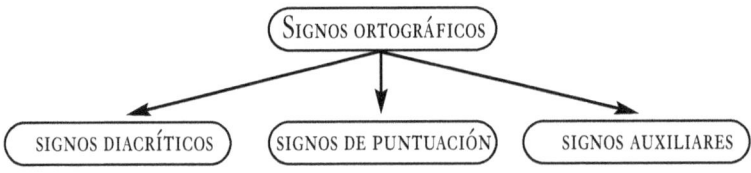

Los signos diacríticos se sitúan sobre una letra y tienen función distintiva; ellos son la tilde y la diéresis.

Los signos de puntuación, cuyas funciones son marcar las pausas y la entonación con que deben leerse los enunciados, organizar el discurso para facilitar la comprensión, evitar ambigüedades y señalar el carácter especial de determinados fragmentos son: el punto, la coma, el punto y coma, los dos puntos, los paréntesis, los corchetes, la raya las comillas, los signos de interrogación y exclamación, y los puntos suspensivos (véase: Ortografía, 278).

Los signos auxiliares constituyen un inventario abierto, según la función de los distintos ámbitos donde se apliquen; por tanto, cumplen diversas funciones. Los signos más comunes son: el guion, la barra, la llave o el apóstrofo; también la antilambda, el asterisco, el signo de párrafo, el calderón y la flecha (véase: Ortografía, 278).

1.1. Signos diacríticos

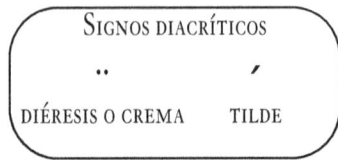

1.1.1 La tilde[2] (´)

Este signo en su función diacrítica diferencia palabras tónicas que se escriben de forma idéntica, pero que son parte de categorías gramaticales diversas; por tanto poseen significado diferente. En su mayoría estas palabras son monosílabas. Para emplear la tilde diacrítica las palabras deben: 1. Pronunciarse y escribirse en forma idéntica. 2. Deben pertenecer a distintas clases gramaticales. Ejemplo: *de* (preposición), *dé* (verbo).

Cuando las palabras se pronuncian de igual manera y pertenecen a la misma clase gramatical, no se emplea con ellas la tilde diacrítica. Ejemplo: *ve* (imperativo de los verbos *ver* e *ir*).

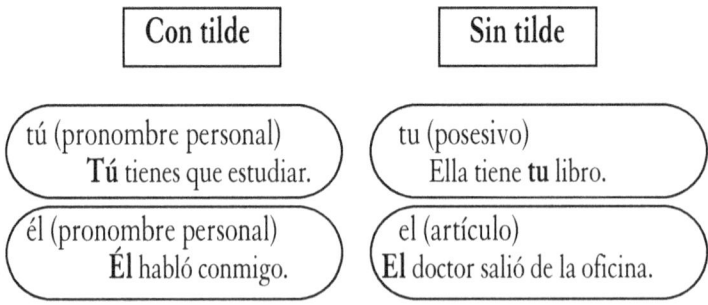

---

2   «El sistema ortográfico del español dispone de un signo diacrítico en forma de rayita oblicua (´), que, colocado sobre una vocal, indica que la sílaba de la que dicha vocal forma parte es la que porta el acento prosódico de la palabra. Este signo se denomina específicamente *tilde*, además de *acento gráfico* u *ortográfico*» (Ortografía, 190).

mí (pronombre personal)
El regalo es para **mí**.

mi (posesivo)
Llegó **mi** mejor amigo.

sí (pronombre personal [reflexivo])
Pedro solo piensa en **sí** mismo.

sí (adverbio de afirmación)
Sí, estudiaré toda la tarde.

sí (sustantivo de aprobación)
Obtuvo el **sí**.

si (conjunción condicional)
Si llega tarde, no podrá entrar.

si (conjunción de interrogativas indirectas[3])
No sé **si** ir al parque.

si (nota musical [sustantivo])
Esa nota es **si** bemol.

té (sustantivo [planta e infusión])
Ellos siempre toman **té**.

te (pronombre personal)
Te lo prometí.

te (letra [sustantivo]).
Escribe muy enredado, esta parece una **te**.

dé (forma del verbo dar)
Dé un paseo por el río.

de (preposición)
El reloj es **de** oro.

más (adverbio)
Camina **más** despacio.

más (adjetivo)
No compro **más** libros.

mas (conjunción adversativa)
La invitó a salir, **mas** no aceptó.

---

3 «Una oración *interrogativa directa parcial* se caracteriza porque siempre se responde a un elemento de la frase de carácter interrogativo (qué, dónde, etc.). En la *interrogativa directa total*, por el contrario, la respuesta es al conjunto de la oración con un *sí* o con un *no*. (¿Ha llovido hoy?). Las *proposiciones interrogativas indirectas* son secuencias con sujeto y predicado que se subordinan a un elemento de la oración y que vienen introducidas o bien por un pronombre o adverbio interrogativo (no sé *qué haces*) o por la conjunción *si* (no condicional) (*no sé si van a venir*)» (Gómez Torrego, 29).

> más (sustantivo, significa signo de suma o adición).
> Dos **más** dos son cuatro.

> sé (forma del verbo saber)
> Yo **sé** muy poco de eso.
>
> sé (imperativo del verbo ser)
> **Sé** inteligente.

> se (reflexivo)
> La niña **se** peina frente al espejo.
>
> se (recíproco)
> **Se** miran a los ojos.
>
> se (pronombre átono de 3ª. ps.)
> **Se** lo entregué.
>
> se (morfema pronominal)
> Juan **se** va.
>
> se (pasivo reflejo)
> **Se** vendieron todos los cuadros.
>
> se (impersonal)
> **Se** habla español.
>
> se (dativo ético)
> Ya **se** sabe la lección.

> (véase: Ortografía, 243-244).

1.1.2. La diéresis (¨)

La diéresis o crema actualmente se emplea sobre la *u* de las sílabas *güe, güi* para señalar que se debe pronunciar, como en:

Lingüística, antigüedad, vergüenza.

En textos poéticos, la diéresis alarga el verso en una sílaba; consiste en pronunciar separadas las vocales de un diptongo. Se debe colocar este signo sobre la vocal cerrada (i, u). Si se emplea la diéresis en una palabra en que concurren dos vocales cerradas, el signo se coloca sobre la primera (*rüido*, debido a la licencia métrica, en lugar de dos sílabas, pasa a tener tres: rü-i-do).

«*Temer rüina o recelar fracaso*» = 11 sílabas (Góngora, *Soledades*).

1.2. Signos de puntuación

Las 22 Academias de la Lengua, en la *Ortografía de la lengua española* (2010), abren la sección dedicada a los signos de puntuación de la siguiente manera:

> Los signos de puntuación son los signos ortográficos que organizan el discurso para facilitar su comprensión, poniendo de manifiesto las relaciones sintácticas y lógicas entre sus diversos constituyentes, evitando posibles ambigüedades y señalando el carácter especial de determinados fragmentos (citas, incisos, intervenciones de distintos interlocutores en un diálogo, etc.). (…)
>
> De la puntuación depende en gran medida la comprensión cabal de los textos escritos, de ahí que las normas que la regulan constituyan un aspecto básico de la ortografía. *El hecho de que, junto a usos prescriptivos, existan usos opcionales no significa que la puntuación sea una cuestión meramente subjetiva* (Ortografía, 281-282), [énfasis agregado].

Las anteriores afirmaciones indican claramente que los signos de puntuación limitan unidades escritas (palabras, frases, oraciones, párrafos) y ayudan a la cohesión y coherencia, al afianzar la expresión y la interpretación del sentido del texto. La puntuación adecuada decide la claridad y la eficacia en la comunicación escrita. Cuanto más complejas sean las ideas que se expresan, más evidentes y sencillas deben ser las estructuras. Para lograr este fin, se debe emplear la palabra adecuada, apoyada por los signos ortográficos precisos.

Lo anterior significa que no se debe escribir como se habla; porque el lenguaje oral es flexible y espontáneo, se puede dialogar descuidadamente, sin embargo se transmite el mensaje; pues se formulan preguntas y se emiten respuestas o explicaciones más detalladas que expliquen lo que queda oscuro. Mientras que el lenguaje escrito permanece, por tanto debe ser más estructurado, más preciso; al escribir, se necesita ser muy estricto al expresar los enunciados; es necesario escoger estructuras gramaticales sólidas, utilizar una sintaxis apropiada, además de la correcta puntuación. Estos aspectos sirven tanto para esclarecer como para hacer lógica la relación entre las oraciones y los párrafos que componen el mensaje.

La puntuación es el conjunto de instrumentos que proporcionan al lenguaje escrito los medios necesarios para indicar las relaciones gramaticales y sintácticas que existen tanto dentro de las oraciones, como entre ellas. Las comas, los puntos y coma, los puntos, etc., deben tener razón de ser gramatical o sintáctica. La mayor parte de las veces, el empleo de uno u otro signo ortográfico es absolutamente obligatorio; aunque algunas veces (cuando ya se sabe su función) pueden ser discrecionales; no obstante, siempre existe una razón gramatical o sintáctica para utilizarlos.

Bien empleados, estos signos gráficos son marcas visuales que guían al lector en la producción oral del texto para que enuncie el tono, efectúe las pausas adecuadas que sirven para emitir el sentido cabal y pronuncie con claridad lo escrito.

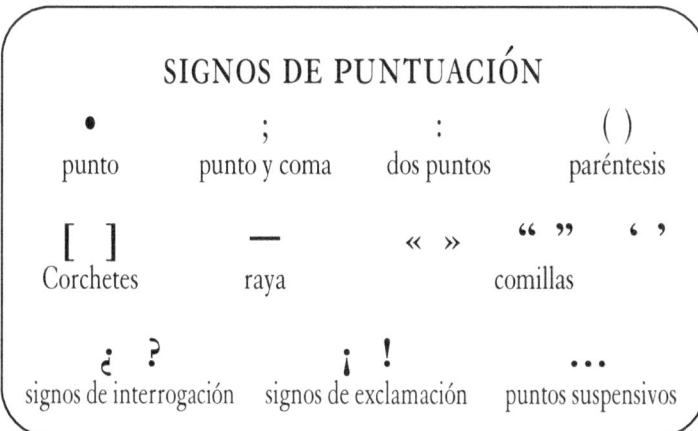

Los signos de puntuación ayudan a que el mensaje que transmite el texto escrito se entienda con claridad; ellos organizan jerárquicamente la información, porque:

a) Indican dónde comienza y dónde termina una unidad lingüística[4]; lo que significa que su función es demarcadora. Los signos principales (punto, coma, punto y coma, dos puntos) establecen los límites entre las unidades básicas del texto y marcan la separación entre ellas. De esta manera el lector distingue cómo se organiza la información:

---

4 «Las unidades lingüísticas son de muy diverso tipo. En el plano fónico, cabe distinguir, entre otras, el *grupo fónico*, que es el fragmento de habla comprendido entre dos pausas sucesivas (*la casa de mis padres*), y la *unidad melódica*, fragmento al que corresponde un patrón entonativo (*La casa de mis padres está cerca*). En el ámbito lingüístico, son unidades lingüísticas los *sintagmas* o *grupos sintácticos*, estructuras articuladas en torno a un núcleo que admite diversos modificadores y complementos (*el hotel; llena de orgullo; desde su ventana; comprar comida*). Los grupos sintácticos combinados dan lugar a oraciones, unidades que relacionan un sujeto y un predicado (*Mi hermana compró comida*). Finalmente, en el plano discursivo, interesaría el concepto de *enunciado*, unidad mínima capaz de constituir un mensaje verbal, y el *texto*, que es la unidad máxima de comunicación y está generalmente formado por un conjunto de enunciados interrelacionados. Debe tenerse en cuenta que el enunciado es una unidad de sentido —una unidad mínima de comunicación— y, por tanto, no tiene por qué ser necesariamente una oración: así, son enunciados secuencias como *¡Cuidado!*; *De acuerdo*; *¿Cuándo llegaste?*, o *Cómete la sopa que te he preparado*» (Ortografía, 282-283).

Lee el libro de la clase. Puede que lo disfrutes.
¿Qué dijo Luis de los proyectos? Es importante saber lo que piensa.
No quieres que venga… ¡Es una mala idea!

Los signos dobles (raya, paréntesis, corchetes, comillas) demarcan fragmentos de texto, para informar aspectos diversos de ellos (incisos, palabras ajenas, etc.); delimitan un segundo discurso que deslinda al primero por alguna razón. Estos signos son indispensables para determinar las funciones gramaticales y las relaciones sintácticas entre los elementos que constituyen los enunciados:

Los presidentes de la región andina (Venezuela, Colombia, Ecuador, Perú y Bolivia) se reunirán a deliberar para buscar una solución al problema.

b) Los signos de puntuación señalan la modalidad de los enunciados. Los signos de interrogación, de exclamación y los puntos suspensivos además de delimitar, expresan la subjetividad del emisor:

Llueve. ¡Llueve! ¿Llueve?

c) Del mismo modo, revelan la omisión de una parte del enunciado. Esta función la efectúan los puntos suspensivos y la coma. Los primeros dejan inconcluso un enunciado:

Llegó enojado, abrió la puerta… el cuarto estaba vacío.

El empleo de estos signos tiene influencia gramatical, ya que sin esos puntos suspensivos las oraciones serían agramaticales. Mientras que la coma indica la elisión de un verbo, cuando se conoce el contexto:

Ellos pidieron pizza; sus amigos, hamburguesas.

1.2.1 El punto (.)

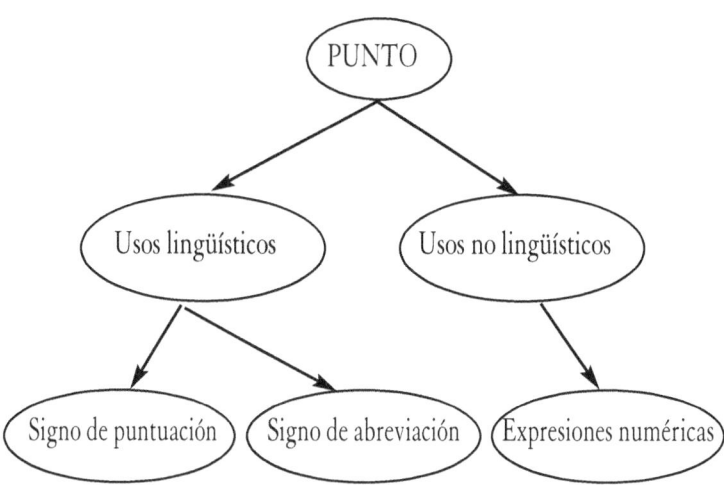

2.1.1 Usos lingüísticos

Como signo de puntuación, el punto marca el final de un enunciado (*punto y seguido/punto seguido*), de un párrafo (*punto y aparte/punto aparte*) y de un texto (*punto final*). Después del punto que indica el fin de estas unidades, la primera palabra siguiente debe escribirse siempre con inicial mayúscula. Además, este signo señala una pausa larga, antecedida por una entonación descendente.

a) Punto y seguido: separa los enunciados que integran un párrafo; se escribe a final del enunciado y en el mismo renglón, se inicia el siguiente enunciado. Si la colocación del punto y seguido coincide con el final del renglón, se comienza a escribir en la siguiente línea sin sangrado[5] inicial.

b) Punto y aparte/punto aparte (en áreas de Hispanoamérica): delimita un párrafo (unidad temática en que se divide el tema que comunica el texto). El siguiente enunciado abre un párrafo nuevo, el cual generalmente se inicia con sangría.

c) Punto final: delimita el texto como unidad comunicativa básica y marca su final.

d) Como signo de abreviación se emplea en las abreviaturas:

Buenos Aires = *Bs. As.*; *cuenta corriente* = *cta. cte.*; *Licenciado* = *Lic.*, *señor* = *Sr.*, *etc.*

En las abreviaturas que llevan letras voladas, el punto se escribe antes de estas:

Número = *n.º, Tercer* = *3.er; Visto Bueno* = *V.º B.º*; etc.

El punto abreviativo es una marca integrante de la abreviatura, y no un signo de puntuación; por tanto, no se debe suprimir cuando aparece seguido de uno de estos signos o de otros auxiliares. Además, cuando una abreviatura con letras voladas va situada al final del enunciado, no debe eliminarse el punto abreviativo, ya que no ocupa la última posición:

Ella exige que se le diga Sr.ª.

---

5 *Sangrado*: «Empezar un renglón de un escrito más dentro de la caja de la escritura que los otros; como se hace, por ejemplo, al empezar un párrafo» (Moliner).

Lo mismo sucede cuando la abreviatura antecede al cierre de un paréntesis con el que termina a su vez el enunciado; se deben escribir ambos puntos, el integrante de la abreviatura y el que cierra el enunciado después del paréntesis:

Estaba somnoliento (el cansancio, la medicina, etc.).

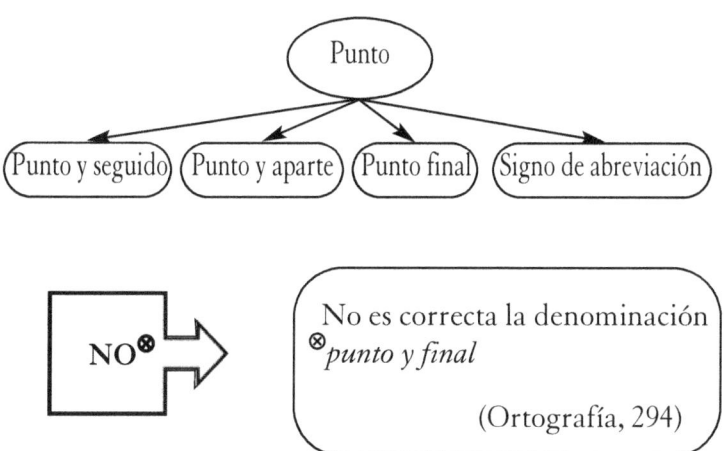

1.2.1.2 Combinado con otros signos

a) Cuando se presenta la concurrencia de punto con una llamada de nota de pie de página, esta se sitúa antes del punto, de la coma, del punto y coma y de los dos puntos, pero después de los puntos suspensivos:

Este texto fue obra de Isidoro de Sevilla[8].

Las bibliotecas nacionales participaron, también las de los Congresos...[7].

Esta llamada de nota se sitúa **antes** de un signo doble cuando el signo se refiere a la última palabra o **después** del cierre del signo doble cuando hace referencia a todo lo contenido entre los signos:

> «El monumento compuesto de treinta megalitos se conoce como "El Infiernito[3]". Según las investigaciones arqueológicas, tiene por lo menos 2200 años de antigüedad»[4].

Fuera de la situación de la nota de pie de página, el punto se escribe **siempre** después de las comillas, los corchetes, los paréntesis y las rayas de cierre (Ortografía, 301):

> Advirtió: «Ellos ya no son empleados aquí». Inmediatamente salió de la oficina, dejando a todos en silencio. (Parecía muy enojado. Era comprensible). Afuera encontró a Ernesto —su amigo—. Este, al verlo ofuscado, sonrió.

 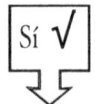

NO	Sí
⊗«Es un signo de carácter estrictamente ortográfico.»	«Es un signo de carácter estrictamente ortográfico».
⊗"Es un signo de carácter estrictamente ortográfico."	"Es un signo de carácter estrictamente ortográfico".
⊗(Ud. Se sorprenderá de lo sucedido.)	(Ud. Se sorprenderá de lo sucedido).
⊗«Calificó como una equivocación...»[9]	«Calificó como una equivocación...»[9].
⊗«Poco menos que es la tercera.» (32)	«Poco menos que es la tercera» (32).
⊗"Poco menos que es la tercera." (32)	"Poco menos que es la tercera" (32).

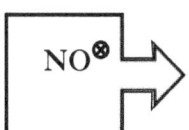

Jamás se escribe el punto dentro de las comillas, los paréntesis, los corchetes o las rayas de cierre

b) **Nunca** se escribe un punto después de los signos de cierre de interrogación, de exclamación y puntos suspensivos, aun cuando ellos terminen el enunciado:

¡Excelente! ¡Esa es la solución al problema! ¿Qué te pasa? ¿No entiendes que es por tu bien? Espera...

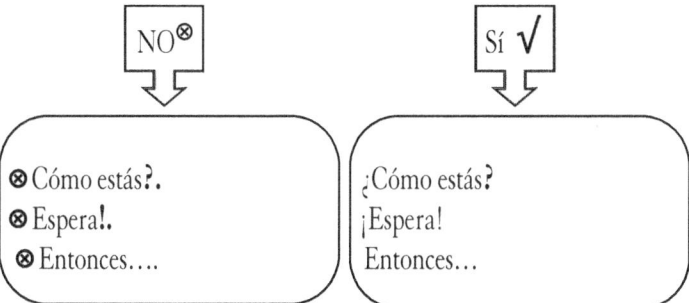

c) **Debe** escribirse el punto de cierre del enunciado, después de los signos de cierre de exclamación o de interrogación o de los puntos suspensivos y cuando hay comillas, corchetes, paréntesis y rayas de cierre, ya que estos son signos indicadores de que acaba un segundo discurso:

Eran muy buenos amigos. (¡Cuánto los echo de menos!).

d) En enumeraciones en forma de lista, cuando se compone de enunciados completos es recomendable cerrar cada miembro de la enumeración con punto, y luego utilizar mayúscula inicial en cada apartado (véase: Ortografía, 378).

¿Cuáles son los nombres de los dedos de la mano?
a) Pulgar
b) Índice
c) Corazón
d) Anular
e) Meñique

1.2.1.3 Usos no lingüísticos

a) El punto se utiliza en la expresión numérica de la fecha siguiendo el modelo ascendente: en primer lugar el día, seguido del mes y después el año. El punto puede alternar con el guion y con la barra (véase: Ortografía, 692).

18 de agosto de 2015
18.8.2015
18/8/2015
18-8-2015

Sin embargo, hay que observar que en Estados Unidos de América —y en algunas de sus áreas de influencia— se escribe primero el mes, luego el día y finalmente el año: *agosto 5 de 2015; 8.5.2015; 8/5/2015* (se recomienda no usar esta forma de fecha por ser influencia del inglés). Presenta además el problema de que, en fechas inferiores o iguales al día doce de cada mes, su interpre-

tación es ambigua, confundiéndose los días y los meses.
b) También se emplea para señalar la ubicación de las emisoras de radio en el dial:
   RCN Radio FM 93.9 (véase: Ortografía, 667).

Recuerde: en español el orden de escritura para las fechas es ascendente:

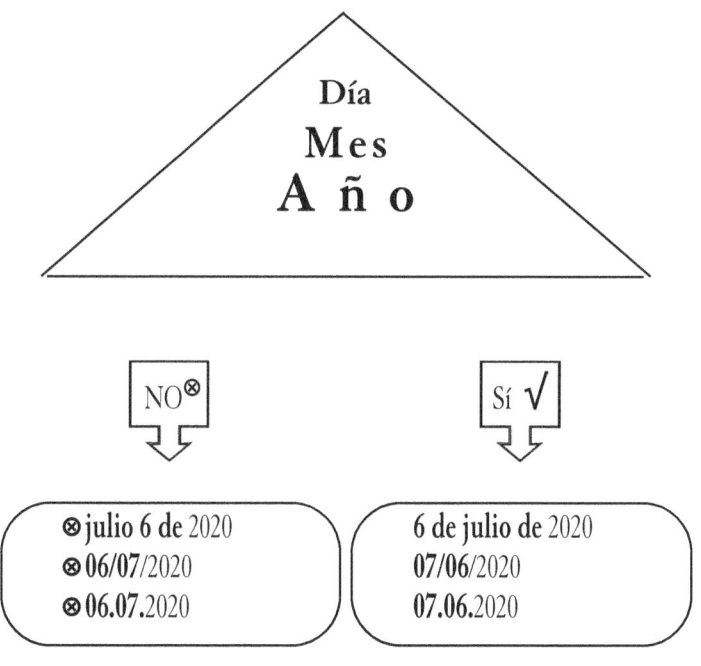

1.2.1.4 Usos incorrectos

No debe escribirse punto:

a) En las unidades de millar en expresión numérica de los años, en la numeración de páginas, versos, direcciones urbanas, códigos postales, apartados de correo, ni en los números de textos legales y sus divisiones:

Avenida Colón, 4730;
año 2015;
página 1050;
27560 Barcelona;
Apartado de correos 4756;
Ley 1987, del 10 de noviembre de 2002;
Artículo 72987 del Código Civil (véase: Ortografía, 664).

b) Tampoco para indicar los millares, millones, etc. Ahora se sigue la norma internacional que dispone que los números de más de cuatro cifras deben agruparse de tres en tres, empezando por la derecha, insertando entre los grupos un pequeño espacio en blanco: 18 357 239; excepto en documentos contables o en escritos donde se arriesgue la seguridad de la transmisión de la cifra (véase: Ortografía, 663).

c) No se emplea el punto después de títulos, subtítulos de libros, artículos, capítulos, obras de arte (estén centrados o no) cuando son el único texto del renglón. Lo mismo sucede con los títulos y cabeceras de cuadros y tablas (véase: Ortografía, 295-297):

Don Quijote de la Mancha
Ortografía de la lengua española

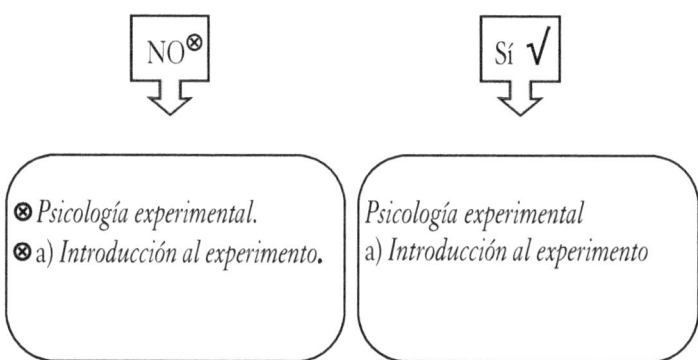

d) Después de los nombres de autor en cubiertas, portadas, prólogos, firmas de cartas, epígrafes, dedicatorias, pies de imagen, eslóganes publicitarios, etc., si se encuentran como texto único en el renglón:

Gabriel García Márquez

e) Después de las enumeraciones en forma de lista, en índices o en direcciones electrónicas tampoco se debe escribir punto cuando constituyen el único texto en la línea o cuando no cierran enunciado (véase: Ortografía, 297-298). Esta regla tiene su excepción, cuando las dedicatorias o los pies de imagen son extensos y presentan puntuación interna, la escritura del punto final es admisible. Además, cuando los pies de imagen no son etiquetas sino explicaciones con estructura oracional deben cerrarse con punto:

Figura 13. En la pronunciación de las vocales, el aire no encuentra ningún obstáculo al salir.

Lo mismo sucede cuando la dirección de internet o el correo electrónico aparecen al final de un enunciado que se escribe todo seguido, se debe escribir el punto final de cierre:

Comuníquese con nosotros a nuestro correo electrónico: consultas@organos.com.

Si le interesa conocer mejor el museo, visite nuestra página donde puede afilarse, www.museos.org/inscripciones.

Jamás se pone punto final en secuencias que funcionan como etiquetas o rótulos; por ejemplo, tras los títulos de libros, de capítulos, nombre de autor, pies de imagen, eslóganes, etc., **cuando son el único texto del renglón**. Tampoco lo llevan las enumeraciones en forma de lista ni las direcciones electrónicas (véase: Ortografía, 295-298).

1.2.2 La coma (,)

> Tradicionalmente se ha vinculado el uso de la coma a una pausa breve o débil en la cadena hablada. Si bien esta relación se verifica en muchos casos, *no siempre la escritura de una coma responde a la necesidad de realizar una pausa en la lectura en voz alta y, viceversa, existen en la lectura pausas breves que no deben marcarse gráficamente mediante comas, como la que se hace a veces entre sujeto y predicado* (Ortografía, 303), [énfasis agregado].

La coma como signo de puntuación delimita unidades inferiores al enunciado como oraciones (*Aunque lo pienses mucho, deberás hacerlo*) y grupos sintácticos (*Jeremías, el mesero, no ha venido hoy*). Este es el signo más usado y el que más dudas presenta, porque tiene funciones obligatorias y opcionales.

1.2.2.1 Usos de la coma

> **Regla general:** No se puede romper la unión de los grupos sintácticos más fuertemente vinculados (sujeto, predicado) ni siquiera cuando en la pronunciación esos grupos se separen del resto del enunciado mediante una pausa.

Jamás se debe escribir coma entre el sujeto y el predicado:

⊗ *Todos los jóvenes del grupo de música, tienen que practicar para el concierto.*

a) En incisos

Los incisos son elementos secundarios que ayudan a precisar, rectificar, ampliar o aportar circunstancias a lo dicho y precisan el enunciado, pero no son parte esencial; ya que si se eliminan, la idea queda completa. Esta estructura explicativa puede ir en el medio de la oración y **debe ir entre comas.** Cuando encabezan o cierran el enunciado, **deben quedar aislados mediante coma.**

Sustantivos o grupos nominales como inciso explicativo:

Ana María, mi prima, vive en Canadá.

Pertenecen a este grupo los apodos, las denominaciones onomásticas y los seudónimos, cuando se mencionan después del nombre:

Francisco de Paula Santander, el hombre de las leyes, fue un destacado estadista.

Son una excepción los sobrenombres, pues deben ir acompañados del nombre propio, ya que se unen a este sin coma:

Juana la Loca y Felipe el Hermoso contrajeron matrimonio en 1496 (véase: Ortografía, 309).

Adjetivos o grupos adjetivales con carácter explicativo, que van pospuestos al sustantivo, deben ir encerrados por comas:

Los perros, cansados, dejaron de ladrar.

Lo mismo sucede con las oraciones adjetivas explicativas:

Julio, que admira Francia, va a estudiar en París.
La casa, que compraste ayer, es muy hermosa.

> **Nota**: «Frente a las estructuras explicativas, las especificativas no aportan una aclaración sobre el grupo nominal al que modifican, sino que restringen y limitan el significado del sustantivo que las precede. Estas construcciones que no interrumpen el curso del enunciado, sino que se integran en el grupo nominal, no se escriben entre comas (…) en *Los soldados cansados volvieron al campamento con dos horas de retraso*, **se especifica** que, del total de los soldados, algunos, los que estaban cansados, llegaron con retraso; mientras que en la oración con adjetivo explicativo, *Los soldados, cansados, volvieron al campamento con dos horas de retraso*, **se explica** que todos los soldados estaban cansados, de ahí que se retrasaran» (Ortografía, 308), [negrita agregado].

Cuando se repite una palabra que se acaba de mencionar para ofrecer información sobre ella se separa con coma:

Compró una pintura muy cara, pintura que puso en la caja fuerte.

En construcciones absolutas con verbo en forma no personal (participio o gerundio), adjetivo, adverbio o grupo preposicional se encierran entre comas:

Los estudiantes, no teniendo beca, deben estudiar y trabajar (véase: Ortografía, 309).

Cuando en el enunciado se insertan expresiones u oraciones accesorias que no presentan relación sintáctica con él, se aíslan entre comas:

Arturo, estoy furioso con él, se presentó muy tranquilo después del desastre que causó.

NO ⊗	Sí √
⊗ Esa casa de puertas verdes, tiene dos piscinas.	Esa casa de puertas verdes tiene dos piscinas.
⊗ María Teresa su prima, salió con todos los invitados.	María Teresa, su prima, salió con todos los invitados.
⊗ Los animales sedientos se tendieron a la sombra.	Los animales, sedientos, se tendieron a la sombra.
⊗ Cicerón padre de la patria, fue asesinado.	Cicerón, padre de la patria, fue asesinado.

Nota: La coma alterna con las rayas y los paréntesis para aislar la información incidental; pero todos ellos se emplean mal, cuando en la escritura de los incisos se omite uno de estos signos (coma, raya, paréntesis) o se delimita erróneamente el inciso.

b) En interjecciones[6]

Las interjecciones y las locuciones interjectivas se separan con coma/s del resto del enunciado, porque son de carácter accesorio y no tienen vinculación sintáctica con los elementos del enunciado al que acompañan:

Ese hotel, ¡qué sorpresa!, fue el mejor de todos.
Quédate quieto, ¡caramba!
¡Oh!, ya llegó.

c) Con apéndices confirmativos[7]

El emisor puede emplear una pregunta para confirmar una información que tiene por verdadera, en lugar de pedir que se escoja entre dos opciones opuestas. Ese apéndice agrega a la pregunta valores diversos (persistencia, imposición, reconvención, exaltación, duda, etc.), y cambia el valor de la pregunta a la que acompañan (véase: NGLEm, 805-806). Suelen aparecer al final de los enunciados *¿no?, ¿verdad?, ¿cierto?, ¿eh?*, etc., y van precedidos de coma:

Fuiste a clase, ¿verdad?
Vendrás a la fiesta, ¿cierto?
Me tienes confianza, ¿no?

---

[6] «La interjección es una clase de palabras que se especializa en la formación de enunciados exclamativos (…). Con la interjección se comunican sentimientos e impresiones, se ponen de manifiesto diversas reacciones afectivas o se induce a la acción. Asimismo algunas constituyen fórmulas que codifican verbalmente determinados comportamientos sociales convencionales, como los saludos y despedidas, las felicitaciones o los agradecimientos. Son interjecciones *adiós, ay, epa, olé, uf, o vaya*, entre otras» (NGLEm, 623).

[7] Los apéndices confirmativos (también apéndices interrogativos o muletillas interrogativas) se usan «para enfatizar lo dicho, presentarlo como evidente, lógico o natural, pedir la aquiescencia del interlocutor o simplemente intentar averiguar si se está siendo atendido o comprendido» (NGLEm, 806).

d) Con vocativos[8]

Se separan con coma los vocativos, grupos nominales o pronombres que se emplean para llamar o dirigirse al interlocutor de forma explícita; también para llamar la atención sobre algo de lo dicho o sobre el acto mismo de decir:

Esteban, presta atención.
Ha de saber, joven, que debe estudiar y participar en la discusión.

 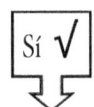

⊗ Pedro acérquese.
⊗ No señor.
⊗ Vamos a la oficina ¿cierto?
⊗ Cuesta mucho joven para comprarlo.

Pedro, acérquese.
No, señor.
Vamos a la oficina, ¿cierto?
Cuesta mucho, joven, para comprarlo.

e) Con conectores discursivos

La coma se emplea con conectores discursivos[9], para delimitarlos en el enunciado: los conectores discursivos

---

8   Vocativo: «Las expresiones evocativas son pronombres personales o grupos nominales que se usan para dirigirse a alguien, generalmente solicitando una respuesta o una reacción. Se emplean también para saludar o iniciar una conversación (¡*Buenas tardes, doña Encarna*!), para llamar la atención (¡*Eh, tú*!), pedir u ordenar algo (¡*Acércate, muchacho*!), para disculparse (¡*Perdone, señor*!) o para dirigirse a alguien con muy diversos propósitos» (NGLEm, 813).

9   «Los conectores discursivos (también llamados marcadores u operadores del discurso) no forman una clase sintáctica de palabras, en el sentido en que lo son las clases *verbo, conjunción* o *adverbio,* ya que constituyen un grupo establecido con criterios textuales» (NGLEm, 595). «Desde el punto de vista formal, los conectores se caracterizan por su relativa independencia fónica y sintáctica respecto de la oración. Suelen formar grupo entonativo propio, precedidos o seguidos de pausa» (NGLEm, 596).

pueden ser adverbios, conjunciones coordinantes o subordinantes, preposiciones, interjecciones, o bien locuciones formadas con todas estas clases de palabras; todas ellas influyen en el enunciado aportando significado sobre cómo se debe interpretar el segmento en el que inciden (véase: Ortografía, 344-346).

Conectores discursivos

Aditivos y de precisión o particularización: *a decir verdad, además, análogamente, aparte, asimismo, de hecho, encima, en el fondo, en realidad, es más, por añadidura, por otro lado, por si fuera poco, sobre todo*

Adversativos y contrargumentativos: *ahora bien, (antes) al contrario, antes bien, después de todo, empero, en cambio, eso sí, no obstante, por el contrario, sin embargo, todo lo contrario.*

Concesivos: *así y todo, aun así, con todo, de cualquier manera, de todas formas, de todas maneras, de todos modos, en cualquier caso.*

Consecutivos e ilativos: *así pues, consiguientemente, de este modo, de ese modo, en consecuencia, entonces, por consiguiente, por ende, por lo tanto, por tanto, pues.*

Estos *conectores consecutivos* aportan un significado muy próximo al de *por eso, por ello,* o *debido a ello*, es decir, informaciones deícticas o anafóricas. De ahí que, los conectores *así pues, por (lo) tanto, por ende* y *de este modo, de ese modo,* que contienen demostrativos, retomen el enunciado precedente.

Explicativos: *a saber, es decir, esto es, o sea.*

Reformuladores: *dicho con otras palabras, dicho en otros términos, dicho de otra forma, dicho de otra manera, de otro modo, más claramente, más llanamente, hablando en plata.*

E<small>JEMPLIFICATIVOS</small>: *así, así por ejemplo, así tenemos, por ejemplo, verbigracia.*

R<small>ECTIFICATIVOS</small>: *más bien, mejor dicho, por mejor decir.*

R<small>ECAPITULATIVOS</small>: *a fin de cuentas, al fin y al cabo, en conclusión, en definitiva, en fin, en resumen, en resumidas cuentas, en síntesis, en suma, en una palabra, resumiendo, total.*

D<small>E ORDENACIÓN</small>: *a continuación, antes de nada, de una parte, de otra parte, en primer lugar, en segundo término, finalmente, para empezar, para terminar, primeramente.* Estos conectores dan lugar a una serie de correspondencias, que pueden ser estrictas cuando el primer miembro dicta la elección de adverbios sucesivos (*en primer lugar… en segundo lugar; por una parte… por otra,* etc.), pero también pueden no serlo, especialmente cuando no se da una relación formal entre estos conectores (*en primer lugar… luego…*).

D<small>E APOYO ARGUMENTATIVO</small>: *así las cosas, dicho esto, en vista de ello, pues bien.* Los conectores como *así las cosas* o *pues bien,* ponen de manifiesto que el hablante toma en consideración cierta información, suministrada en el discurso precedente, y que la asume para explicar lo que sigue o para alcanzar alguna conclusión.

D<small>E DIGRESIÓN</small>: *a propósito, a todo esto, dicho sea de paso, entre paréntesis, por cierto.* Estos conectores introducen una digresión en la que el hablante matiza sus consideraciones, o las extiende a alguna situación supuestamente relacionada con la información presentada previamente

Los conectores explicativos, reformuladores, ejemplificadores, rectificativos y recapitulativos condensan, expanden o aclaran la información presentada (Ortografía 343), (NGLEm, 597).

La escritura de la coma con los conectores se rige por las siguientes normas generales:
Cuando aparecen al comienzo de la secuencia, van seguidos de coma y precedidos de cualquiera de los signos delimitadores:

No obstante, lo hizo aunque no quería.

Mientras que con algunos conectores de valor aditivo, pueden usarse los dos puntos, en lugar de la coma:

Llegó temprano: es más, madrugó.

Cuando aparecen en medio de la secuencia en la que inciden, se escriben entre comas.
Se escriben asimismo entre comas los conectores precedidos de un nexo subordinante (*como si, cuando, aunque*) o de una conjunción coordinante (*y, pero*).
Algunos conectores pueden ocupar también la posición final de la secuencia sobre la que inciden, caso en el que deben ir precedidos de coma:

Era un matrimonio feliz. No faltaba quien decía lo contrario, sin embargo.

f) Con las enumeraciones

La coma separa cada uno de los elementos de una oración, excepto el último si va introducido por una conjunción (*y, e, o, u, ni*):

Ayer fue a la farmacia, al banco, a la oficina de correos y al almacén.

Se escribe coma delante de estas conjunciones cuando la secuencia final que introduce la conjunción se vincula con todo el predicado anterior y no con el último de los miembros coordinados:

Besó a su madre, abrazó a su padre, se despidió de todos, y partió para el extranjero.

No obstante, cuando los elementos son complejos y contienen comas se separan empleando el punto y coma, «delante de la conjunción que introduce el último de ellos se escribe una coma (o también un punto y coma)» (Ortografía, 324):

En el ropero colocó las camisas; en el garaje, las herramientas; en la sala, las cortinas, y los alimentos, en la alacena.

Del mismo modo, si el último elemento de la enumeración señala una conclusión o una consecuencia, se escribe coma delante de la conjunción:

Estudiaron todo el material, revisaron todo el proyecto, se prepararon para la presentación, y obtuvieron el premio.

Generalmente se escribe la coma delante de la conjunción del último elemento de la enumeración cuando la primera oración coordinada es extensa o los sujetos de los elementos son diferentes:

Siempre salía a divertirse por las tardes con sus amigos, y finalmente los ladrones desvalijaron su automóvil sin que nadie los viera.

Cuando la conjunción *y* tiene valor adversativo (*pero*), puede ir precedida de coma:

Le propusieron que tomara un descanso porque se veía muy cansado, y se dedicó a trabajar más horas cada día.

Se escribe coma delante o detrás de la conjunción cuando antes o después existe un inciso aislado mediante comas:

Debes ir acompañada, Elena, o tendrás problemas por la inseguridad (véase: Ortografía, 320-324).

g) En la oración simple[10]

La puntuación no debe romper la dependencia que se establece dentro de los sintagmas de una oración simple; es decir, no debe escribirse la coma separando el sujeto del verbo o este de los complementos directo, indirecto, predicativo, de régimen y agente, sin importar su longitud, la posición en el enunciado o su naturaleza oracional o no oracional.

> **Nunca** separar con coma la estructura que desempeña la función de sujeto y el verbo de una oración, incluso cuando el sujeto está compuesto de varios elementos separados por comas:
>
> ⊗ *Sus primos, sus tíos, sus abuelos, se reúnen los sábados para cenar.*
> √ *Sus primos, sus tíos, sus abuelos se reúnen los sábados para cenar.*
>
> **Tampoco** separar con coma el verbo de los complementos:
>
> ⊗ *La gran mayoría de trabajadores recibió, un aumento de salario.*
> √ *La gran mayoría de trabajadores recibió un aumento de salario.*

---

10   La oración simple contiene un sujeto y un predicado. «Las oraciones simples no contienen algunas que ocupen a algunos de sus argumentos o modifiquen a algunos de sus componentes» (NGLEm, 18).

Cuando el sujeto es largo, suele hacerse una pausa, **pero no se debe marcar gráficamente:**

⊗ *Los profesores que no hayan entregado todos los reportes a tiempo y quieran obtener una licencia, tendrán que esperar hasta el próximo semestre.*

√ *Los profesores que no hayan entregado todos los reportes a tiempo y quieran obtener una licencia tendrán que esperar hasta el próximo semestre.*

Para esta regla existen excepciones:

Cuando se trata de una enumeración que se cierra con etcétera o su abreviatura (etc.), después de esta se escribe coma:

Entregaron los pasajes de avión, la estadía en el hotel, dinero para gastos, un carro alquilado, etc., a todos los premiados.

Cuando después del sujeto se abre un inciso:

Julio, el hermano de mi amiga, maneja un Porsche.

Lo mismo sucede cuando se escribe la estructura *no solo..., sino (también)...*, porque el segundo miembro introduce una adversativa:

No solo quería llegar tarde, sino que no hubiese problemas.

Cuando el predicado verbal, el sujeto o los complementos están constituidos por una estructura distributiva encabezada por *(o) bien..., (o) bien...; ora..., ora...; ya..., ya...,* etc.:

Los jóvenes que se negaban a estudiar para los exámenes finales, o bien acabaron perdiendo el año escolar, o bien, abandonaron los estudios.

Sin embargo se suprime la coma ante el primer miembro de la estructura discontinua si separa el sujeto del verbo de la oración:

El chico ora se retorcía, ora gritaba para llamar la atención.

Tampoco se debe escribir coma cuando el primer miembro de la construcción es uno de los complementos que normalmente no se separan del verbo:

Pasaba la mayor parte del día o bien escribiendo, o bien leyendo.

Cuando el complemento directo antepuesto al verbo es una cita entrecomillada se escribe coma:

«Siempre imaginé que el Paraíso sería algún tipo de biblioteca», dijo Jorge Luis Borges.

 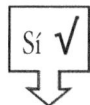

NO	Sí
Los deportistas que no hayan entregado las certificaciones ordenadas la semana pasada, no podrán entrar en la competencia que se ha programado.	*Los deportistas que no hayan entregado las certificaciones ordenadas la semana pasada no podrán entrar en la competencia que se ha programado.*
No solo quería que reconocieran su mérito sino que lo indemnizaran con una buena suma de dinero.	*No solo quería que reconocieran su mérito, sino que lo indemnizaran con una buena suma de dinero.*
La jovencita, ora posaba para la cámara, ora se miraba al espejo.	*La jovencita ora posaba para la cámara, ora se miraba al espejo.*

h) Los complementos circunstanciales[11]

> **Regla general:** Los complementos circunstanciales pueden ir delimitados por coma cuando anteceden al verbo. Se recomienda escribir coma cuando el complemento es extenso (véase: Ortografía, 316-317).

Los complementos circunstanciales pueden aparecer delimitados por coma cuando preceden al verbo, sobre todo si son extensos, cuando introducen referencias de lugar o de tiempo, cuando se insertan en un enunciado complejo y para aislar una información circunstancial a la que se desea dar relevancia en el discurso:

En esa hermosa, recóndita e inolvidable playa, pasaron sus primeros años de vida.

En los años de la Guerra Fría, las superpotencias gestionaron un nuevo modelo de geopolítica.

Le informaron que, hasta que no terminara el año, no podía saber los resultados del examen.

Durante el día, trabaja en la compañía y, por las noches, toma clases en el Instituto.

Ahora, si el complemento que se anticipa no es circunstancial, no debe escribirse coma cuando la intención es destacar o enfatizar lo anticipado:

Confusión sentían (véase: Ortografía, 315).

i) Con los complementos no verbales

---

11   Los complementos circunstanciales son «modificadores adjuntos de los verbos que especifican las circunstancias (tiempo, lugar, instrumento, cantidad, modo, finalidad y causa)» (NGLEm, 16).

Estos complementos son construcciones sintácticas que no dependen de un verbo, sino que complementan, delimitan, cuantifican… a un sustantivo, un adjetivo, un adverbio, etc.; al ser eliminados lo complementado pierde sentido y significado.

Se requiere la coma después de un complemento preposicional partitivo antepuesto al verbo:

De los dos, ninguno sirve.

De todas las ponencias que he oído, solo dos me han parecido interesantes.

Cuando los grupos cuantificadores preceden al primer término de la comparación:

Su visita a la universidad fue, más que una rutina, un acontecimiento.

j) Coma y complementos que afectan a toda la oración

Se escribe coma después de adverbios, de grupos y locuciones adverbiales y preposicionales que afectan o modifican toda la oración. Si aparecen en posición media o final también se separan con comas:

Lamentablemente, no creo que pueda hacerlo porque no se ha preparado.

Muy a menudo, un gato duerme muchas horas al día.

Las personas que más lo ayudaron, francamente, fueron sus vecinos.

No podía cumplir con el trabajo, evidentemente.

También deben separarse con coma las expresiones de

valor introductorio como *en cuanto a, con respecto a, respecto de, en relación con, con referencia a*, etc.:

En cuanto a ella, los jefes no la quieren ver.

Lo mismo sucede con los elementos encabezados por locuciones de valor condicional (*si, a condición de que, con tal [de] que, siempre y cuando, siempre que, en caso de que, a menos que, a no ser que, salvo que, excepto que, salvo si, por si [acaso]*, etc.), y concesivo (*a riesgo de que, aun cuando, con lo que, si bien, a pesar de, por más que, mal que, por mucho que*, etc.):

A pesar de todo, llegó a tiempo y preparado.

En ese caso, todos deben entregar los reportes impresos (véase: Ortografía, 317-319).

k) Para delimitar unidades coordinadas

> «La coordinación es un recurso sintáctico que consiste en unir dos o más elementos análogos equiparándolos, es decir, sin establecer entre ellos una relación de dependencia. Las unidades coordinadas, que realizan la misma función dentro de su enunciado, pueden ser palabras […], grupos sintácticos […] u oraciones» (Ortografía, 319).
>
> «Las construcciones coordinadas pueden ser copulativas, si los elementos que las constituyen se suman […]; disyuntivas, si estos alternan entre sí o se prestan a una elección […]; y adversativas, si los elementos que las constituyen se oponen» (Ortografía, 320).

l) Coma y coordinación adversativa[12]

> **Recuerde**: la coma no es aceptable con las conjunciones y/e, o/u, ni, cuando este signo separa elementos gramaticalmente equivalentes en un mismo enunciado.

No obstante, existen otros casos en que su uso es necesario.

La coma es necesaria ante las oraciones coordinadas introducidas por las conjunciones adversativas *pero, mas, aunque, sino (que)*:

Piensa que ha pasado el examen, pero no está seguro.

No quiso que se le avisara, sino que se lo entregaran personalmente.

> **Nota:** No se debe escribir coma después de *pero* cuando va seguido de oraciones interrogativas o exclamativas:
> ⊗ *Pero, ¿querrá venir después de lo que le dijiste?*
> √ *Pero ¿querrá venir después de lo que le dijiste?*

Se emplea igualmente coma en estructuras que no presentan una de las conjunciones adversativas, pero que poseen el sentido contrastivo de *sino*:

Terminó todo por voluntad, no por obligación.

Lo hará porque quiere, no porque se lo digan.

Se escribe coma después de las conjunciones adversativas cuando va seguida de inciso, interjecciones, vocativos, oraciones subordinadas, etc., que deben aislarse mediante comas del resto del enunciado:

---

12   «La coordinación adversativa expresa contraposición u oposición de ideas. Son adversativas las conjunciones *pero*, *mas* y *sino*. Las dos primeras se usan en oraciones afirmativas y negativas. La tercera solo aparece en contextos negativos» (NGLEm, 615).

Ha llegado la cuenta del teléfono, pero, ¡por favor!, que no la vea papá.

Puedes ir a la reunión, pero, hija, maneja con cuidado.

> **Jamás** se debe eliminar la primera coma en los casos anteriores:
> ⊗ *Ha llegado la cuenta del teléfono pero, ¡por favor!, que no la vea papá.*
> ⊗ *Puedes ir a la reunión pero, hija, maneja con cuidado.*

Es excepción a esta regla, cuando *pero* contrasta dos adjetivos o dos adverbios:

Lento pero seguro.

Era un comportamiento desordenado pero categórico.

La conjunción *sino* no debe ir antecedida de coma cuando tiene significado exclusivo cercano a *salvo, excepto, aparte de*, cuando puede ser sustituido por *más que:*

No te espero sino a ti.

No desea nada sino verlo.

NO ⊗	Sí ✓
⊗ Desafortunadamente no creo que pueda ir.	Desafortunadamente, no creo que pueda ir.
⊗ Con respecto a ella no le importa si vamos.	Con respecto a ella, no le importa si vamos.
⊗ Ayer, aunque no tenía ganas fui a ver una película.	Ayer, aunque no tenía ganas, fui a ver una película.
⊗ A pesar de que llegó tarde nadie le dijo nada.	A pesar de que llegó tarde, nadie le dijo nada.

m) En oraciones subordinadas[13]

Las oraciones subordinadas son sustantivas si funcionan como sustantivos; van introducidas por la conjunción *que*:

Quiero que llegues temprano.

Me gusta que hagas la tarea.

Las oraciones subordinadas sustantivas van encuadradas por la conjunción *si* o por interrogativos como *quién, qué, cuánto, dónde, cómo,* etc., en las oraciones interrogativas indirectas:

No viene con nosotros si nos demoramos mucho.

Pregúntale cuándo sale de viaje.

No me informaron cuántas recetas necesitaban.

Te pregunta que si viene o no.

Es incorrecto escribir coma entre el verbo y la oración subordinada sustantiva que desempeña la función de sujeto, de complemento directo, etc.:

⊗ *Entiende, que es necesario que lo hagas.*

√ *Entiende que es necesario que lo hagas.*

Tampoco debe separarse la conjunción *que* de la secuencia que introduce aunque en su pronunciación oral se produzca una pausa:

⊗ *El aumento de muchos de los problemas se debe a que, no se ha eje-*

---

[13] «Las oraciones subordinadas dependen de alguna otra categoría a la que complementan o modifican. La oración subordinada se halla inserta o incrustada en la principal, en lugar de concatenada a ella. [...]. Se denomina tradicionalmente oración compuesta la que contiene una o varias subordinadas de cualquiera de los tipos reconocidos» (NGLEm, 18).

cutado el plan propuesto durante la sesión pasada.

√ *El aumento de muchos de los problemas se debe a que no se ha ejecutado el plan propuesto durante la sesión pasada.*

Son oraciones subordinadas de relativo (o adjetivas) si funcionan como los adjetivos; van encabezadas por un elemento relativo, que puede ser un pronombre (*que, quien, cuanto, el cual, el que*), un determinante posesivo (*cuyo*) o un adverbio (*donde, adonde, como, cuando, cuanto*).

Se emplea coma en oraciones adjetivas o de relativo cuando la subordinada constituye un inciso explicativo:

El investigador, cuyo jefe es muy arrogante, trabajará en el caso más importante de su carrera.

Sabe mucho, lo cual es muy importante.

No obstante esto no sucede cuando la subordinada de relativo es especificativa.

Los jóvenes que trabajaban en la biblioteca todas las tardes llegaron agotados a la reunión.

n) Construcciones causales[14]

Siempre se separan mediante coma las causales introducidas por las conjunciones *ya que, pues, puesto que, que, como, como quiera que*:

No vayas, que es peligroso.

Como no ha llegado, supongo que habrá ido al banco.

---

14 Las oraciones subordinadas de causa indican la razón real o imaginaria por la que se produce el hecho indicado en la oración principal (véase: NGLEm, 877).

Las causales introducidas por la conjunción *porque* no se separan con coma cuando expresan causa real de lo enunciado (*causales de enunciado*):

El cielo está gris porque va a llover. (La lluvia es la causa real de que el cielo esté gris).

Sí se delimitan por comas las causales que introducen el hecho que permite decir o afirmar lo enunciado en la oración principal (*causales de enunciación*):

Ha llovido, porque el suelo está mojado. (Digo que ha llovido porque veo el suelo mojado).

ñ) Construcciones finales[15]

Se aíslan mediante coma las finales antepuestas:

Para llegar a la escuela graduada, tienes que estudiar más.

No se escribe coma cuando las finales van pospuestas y expresan finalidad real de lo enunciado en la oración principal (*finales de enunciado*):

Debes prepararte mejor para pasar la entrevista.

Si la oración final pospuesta expresa el objetivo que se persigue al enunciar la oración principal (*finales de la enunciación*), sí se separa con coma:

Tienes que estudiar con más más seriedad y dedicación, para que te admitan en la escuela graduada.

---

15   Las oraciones subordinadas finales indican el propósito o la intención con que se realiza lo que dice la oración principal (véase: NGLEm, 877).

o) Construcciones condicionales[16] y concesivas

Las condicionales antepuestas se separan mediante coma cuando van antepuestas al verbo principal, excepto si son breves; pero no suelen ir precedidas de coma si van pospuestas:

Si vas a trasnochar, no vayas al gimnasio.
No vayas al gimnasio si vas a trasnochar.
Si pasas por aquí, no dejes de visitarme.
No dejes de visitarme si pasas por aquí.

Lo mismo sucede con las construcciones concesivas[17]:

Aunque no quieras, tendrás que ir al hospital.
Tendrás que ir al hospital aunque no quieras.

Se separan con coma las condicionales y las concesivas pospuestas cuando no expresan condición o impedimento real:

La ceremonia terminará a las tres, si recuerdo bien.
Trabajó hasta la medianoche, aunque parezca mentira.

p) Construcciones comparativas[18] y consecutivas[19]

---

16   Las oraciones condicionales indican que una acción solo tiene lugar si se produce una condición determinada. Siempre empiezan con la conjunción *si*.
17   Estas oraciones subordinadas expresan una objeción o una dificultad para que se realice lo que dice la oración principal.
18   «Las construcciones comparativas crean una comparación de carácter cuantitativo» (NGLEm, 855).
19   Son «las construcciones formadas por los determinantes cuantificativos *tanto/tanta/tantos/tantas* (o por la forma apocopada *tan*, así como por los determinantes cualificativos *tal/tales* seguidos de una oración subordinada encabezada por la conjunción *que*» (NGLEm, 874).

No se escribe coma entre los dos miembros de las construcciones comparativas (*más... que, menos... que, tan... como, tanto(s)... como*, etc.) ni de las consecutivas (*tal/tales... que, tan... que, tanto(s)/tanta(s)... que, de tal manera... que*):

⊗ *Disfruta más trabajando constantemente, que descansando sin hacer nada.*

√ *Disfruta más trabajando constantemente que descansando sin hacer nada.*

⊗ *Era tan alto, que todos se asombraban.*

√ *Era tan alto que todos se asombraban.*

⊗ *Ella era tan inteligente, que dejaba a todos admirados.*

√ *Ella era tan inteligente que dejaba a todos admirados.*

q) Construcciones ilativas[20]

Las ilativas introducidas por *así que, conque, luego, de modo / forma / manera que, de ahí que* se escriben siempre precedidas de coma:

Nadie había hecho lo requerido, así que tuvo que trabajar los fines de semana.

El asunto está terminado, de manera que lo olvidamos.

r) Conjunciones subordinantes[21]

---

20 «Las construcciones ilativas introducen una consecuencia de lo que el hablante ha dicho con anterioridad» (NGLEm, 891).

21 «La mayor parte de las conjunciones subordinantes son en realidad locuciones conjuntivas, y constan, por tanto, de más de una palabra. Aunque algunas responden a otros esquemas (por ejemplo, *siempre y cuando*), buena parte de ellas se forma mediante la conjunción *que* combinada con preposiciones, adverbios, grupos nominales u otras categorías» (NGLEm, 617).

No se separan con coma las conjunciones subordinantes:

Ahora entiendo completamente que todo lo que prometió era falso.

Tiene que visitarlo todos los días aunque no le guste.

Hay coma después de la conjunción subordinante si se intercalan incisos, complementos circunstanciales de cierta extensión o complementos que afectan a toda la oración:

Pensándolo bien, durante el tiempo que estuvo trabajando aquí, todo lo que hizo fue deficiente.

Recuerdo que tiene que asistir a la reunión aunque, según ha dicho, no le gusta.

s) Otros usos de la coma.

Se escribe coma delante de una palabra que se acaba de mencionar cuando se repite esta palabra para introducir una explicación sobre ella:

Compró la mejor casa que encontró en el mercado, casa que todos sabemos cómo adquirió.

No se debe usar la coma en las reduplicaciones enfáticas o expresivas de una palabra:

⊗ *Esteban es muy, muy obsesivo.*

√ *Esteban es muy muy obsesivo.*

⊗ *Era tan, tan alto.*

√ *Era tan tan alto.*

En cartas y documentos se escribe coma entre el lugar y la fecha o entre el día de la semana y el del mes:

Barcelona, 18 de febrero de 2020.

La Paz, a 15 de diciembre de 2018.

Miércoles, 21 de noviembre de 2015.

Se escribe coma entre el día de la semana y el del mes para marcar la estructura explicativa:

El próximo jueves, 14 de octubre, cumplirá años.

No se escribe coma entre el día de la semana y el del mes cuando es una estructura especificativa:

El grado será el 4 de mayo.

Coma para marcar elisiones verbales
Se escribe coma para separar los complementos del verbo cuando este está suprimido por haberse mencionado antes o porque se sobrentiende:

Ella tiene veinte años; su hermano, diecisiete.

Los que vienen a la entrevista, a esa oficina.

t) Concurrencia con otros signos
Detrás de los puntos suspensivos y de los signos de cierre de paréntesis, raya, comillas, interrogación o exclamación, se escribe coma:

Espera…, ¿sabes si todos tenemos que entregar los planos?

Habla —y no me des explicaciones—, ¿cómo llegaste tan temprano?

«Estamos perdidos», susurró escondiéndose detrás de la puerta.
¿Vas a venir?, dímelo pronto.

Se escribe coma después de *etc.*, al final de una enumeración:

Compró sal, pimienta, ajo, especias, etc., luego salió rápidamente.

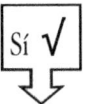

Se admite la coma cuando el sujeto es una enumeración que cierra con etc.:
Las tazas, los platos, las cazuelas, los cubiertos, los vasos, etc., son indispensables en la cocina.

⊗*Las tazas, los platos, las cazuelas, los cubiertos, los vasos, son indispensables en la cocina.*

2.2.3 El punto y coma (;)

> La escritura del punto y coma obedece en gran parte a la longitud y complejidad de las secuencias que se separan, de la presencia de otros signos y también de la subjetividad de quien escribe (véase: Ortografía, 353).

El punto y coma indica una pausa mayor que la marcada por la coma, sin embargo como ya se señaló antes, **la duración de la pausa es un criterio poco fiable a la hora de puntuar.** Este signo delimita unidades discursivas inferiores al enunciado:

Por un lado, es muy bueno tenerlo aquí; por otro, es un problema porque necesita cuidado.

Si el vínculo entre los grupos sintácticos se estima débil, se puede utilizar el punto y seguido. Cuando la relación semántica es de dependencia entre las oraciones conectadas, también se pueden usar los dos puntos. Esto no significa que se pueda prescindir del punto y coma.

2.2.3.1 Usos del punto y coma

a) Entre oraciones yuxtapuestas[22]
En oraciones independientes entre las que existe una estrecha relación semántica se separan con punto y coma:

Dile que se quede; hay mucho que hacer.

Comió pollo ayer; mañana comerá pescado.

b) Entre unidades coordinadas[23]
Se separan con punto y coma los miembros de las construcciones copulativas[24] y disyuntivas[25] en expresiones complejas que incluyen comas o que presentan cierta longitud. Cuando el último elemento va precedido por una conjunción, se recomienda escribir coma porque anticipa el final de la enumeración:

Toda esta sección tomará exámenes en días diferentes: primero, el día dos; segundo, el tres; tercero, el cuatro, y finalmente el cuarto, el cinco.

Debe escribirse coma o punto y coma ante la expresión *etcétera* (o su abreviatura *etc.*) que cierra enumeraciones incompletas:

Tienen mucho que hacer antes de pasar al siguiente curso: terminar los exámenes; entregar el trabajo pendiente; concluir los experimentos, etc. (o bien… concluir los experimentos; etc.).

Se escribe punto y coma ante las conjunciones *pero, más,*

---

22 Unión de dos oraciones juntas sin nexo gramatical.
23 Estas oraciones están enlazadas por conjunciones coordinantes.
24 Las construcciones copulativas presentan oraciones que se suman por las conjunciones *y, e, ni*.
25 Son los grupos de oraciones que alternan entre sí o se prestan a una elección a causa de las conjunciones *pero, sino, mas*.

aunque (y, menos frecuentemente, *sino*) cuando las oraciones vinculadas tienen cierta longitud, y especialmente si alguna de ellas presenta comas internas:

Trabajó mucho tiempo en esa compañía; pero, todos los inviernos, tomaba unas semanas de descanso.

c) Ante conectores

Se debe escribir punto y coma ante conectores discursivos que relacionan periodos de cierta longitud:

Los jóvenes entrenaron arduamente la última semana; no obstante, perdieron el partido.

Sin embargo, cuando los periodos son muy extensos se recomienda el uso del punto:

El año pasado fueron muy escasos los días en que no llovió fuertemente todas las tardes. En consecuencia, lo que se debe esperar para este año es que suceda lo mismo y que todos nos veamos obligados a llevar paraguas e impermeable o gabardina para no mojarnos.

d) Concurrencia con otros signos

Cuando el punto y coma concurre con otros signos de puntuación, deben aplicarse las mismas pautas que para la coma.

El punto y coma no puede aparecer junto con el punto, la coma o los dos puntos, pero sí con el resto de los signos de puntuación. Después de los puntos suspensivos y de los signos de cierre de paréntesis, raya, comillas, interrogación o exclamación se puede escribir punto y coma. El punto y coma no exime de escribir el punto de las abreviaturas: ..., *etc.*;...

NO ⊗	Sí √
⊗ Estuvo estudiando cuidadosamente el material que tenía para el examen de medio semestre, no le interesaba nada ⊗ Buscó en salones de clase, bibliotecas, hemerotecas, videotecas, leyó todo lo que encontró, investigó revistas, periódicos, libros, folletos, hojas sueltas, no encontró lo que quería. ⊗ Se levantó temprano todos los días durante tres meses, sin embargo no logró lo que se proponía.	Estuvo estudiando cuidadosamente el material que tenía para el examen de medio semestre; no le interesaba nada Buscó en salones de clase, bibliotecas, hemerotecas, videotecas; leyó todo lo que encontró; investigó revistas, periódicos, libros, folletos, hojas sueltas; no encontró lo que quería. Se levantó temprano todos los días durante tres meses; sin embargo no logró lo que se proponía.

2.2.4 Los dos puntos (:)

> **Reglas generales**: después de los dos puntos se escribe minúscula, salvo en los casos siguientes:
> → Después de la fórmula de encabezamiento o saludo de una carta;
> → tras los dos puntos que anuncian la reproducción de palabras textuales, salvo que la cita se inicie con puntos suspensivos;
> → delante de los dos puntos que cierran los epígrafes o subtítulos de un libro o documento;
> → tras los dos puntos que siguen a palabras como *ejemplo, advertencia, nota*, etc., cuando preceden a enunciados con plena independencia sintáctica y de sentido;
> → después de los dos puntos que introducen una explicación precedida de expresiones que anuncian algo como *a continuación, siguiente(s)*;
> → después de los dos puntos que siguen a verbos como *certificar, exponer, solicitar*, etc., escritos enteramente en mayúsculas (véase: Ortografía, 355-363).

Los dos puntos, como la coma y el punto y coma delimitan unidades sintácticas inferiores al enunciado, detienen el discurso para llamar la atención sobre lo que sigue:

Julio Cortázar dijo: «Escribir es una lucha continua con la palabra; un combate que tiene algo de alianza secreta».

Algo pasa: todo está a oscuras y en silencio.

Tenía razón: no fue una coincidencia.

Para limpiar bien el patio necesitas: un balde lleno de agua, un cepillo, jabón y muchas ganas de trabajar.

Estimados Srs.:
Les agradeceré que en respuesta a la presente…

2.2.4.1 Usos de los dos puntos

a) En enumeraciones
Se escriben dos puntos en enumeraciones de carácter explicativo, con elemento anticipador:

La semana pasada leí dos novelas: una de Cervantes y otra de Pérez Galdós.

No deben escribirse los dos puntos cuando la enumeración carece de elemento anticipador:

⊗ *Ayer compré: una novela de Cervantes y otra de Pérez Galdós.*

En este ejemplo se rompe la unidad sintáctica forzosa que debe existir entre el verbo y su complemento directo.

Cuando los miembros de la enumeración se insertan en forma de lista se emplean los dos puntos, aunque no tengan el elemento anticipador:

De esa manera me gustan los partidos de fútbol: muchos goles, prórrogas de infarto, penaltis imprevistos y tarjetas rojas.

Cuando se escriben en primer lugar los elementos de la enumeración, los dos puntos sirven para cerrarla y dar paso al concepto que los engloba:

Firmeza, trabajo y rectitud: esas son sus características.

b) En discurso directo

Se escriben dos puntos tras los verbos de lengua[26] que introducen una cita. Cuando los dos puntos preceden a la cita, esta se escribe entre comillas y con inicial mayúscula:

Julio Cortázar dijo: «Escribir es una lucha continua con la palabra; un combate que tiene algo de alianza secreta».

En los diálogos, las palabras reproducidas tras los dos puntos se introducen mediante una raya, normalmente en párrafo aparte:

Luego de una pausa de unos momentos, confesó:

—¡Yo lo hice! Soy culpable.

Cuando la cita se antepone al verbo de lengua, se emplea coma, o la raya en la reproducción de diálogos:

«Escribir es una lucha continua con la palabra; un combate que tiene algo de alianza secreta», dijo Julio Cortázar.

—¡Yo lo hice! Soy culpable. —Confesó luego de una pausa de unos momentos.

c) En oraciones yuxtapuestas

Los dos puntos pueden alternar con el punto y coma en los casos siguientes:

---

26 Los verbos de lengua en español son aquellos que significan "emitir palabras" como *decir, afirmar, asegurar sostener* (véase: NGLEm, 423).

Para expresar relación causa-efecto:

El automóvil se ha quedado sin gasolina: no podrá llegar al aeropuerto a tiempo.

Para expresar conclusión, consecuencia o resumen de la oración anterior:

Estudia mucho y revisa todos los ejercicios: espera aprobar.

Para expresar verificación o explicación de la oración anterior:

El ajiaco es un plato muy nutritivo y completo: tiene la fibra y el almidón de la mazorca; los carbohidratos, la vitamina C, el potasio y el hierro de la papa criolla y de los otros tipos de papa; las vitaminas E, A, C, D, K, B, el omega 3, el magnesio y el ácido fólico del aguacate; la proteína del pollo, los flavonoides, los carotenoides y la niacina de las alcaparras; y la fibra de las verduras.

d) Con conectores discursivos

Después de algunos conectores de carácter introductorio que detienen el discurso con intención enfática se debe escribir dos puntos, como *a saber, es decir, en conclusión, esto es, o sea, pues bien, dicho de otro modo, más aún, ahora bien*, etc.:

Informó que se iba. Más aún: resolvió que no se quedaba un minuto más.

En la mayoría de estos casos puede escribirse coma, pero desaparece el énfasis y la expectación que se crea es menor.

e) En títulos y epígrafes
Se suelen usar los dos puntos en títulos y epígrafes para separar el concepto general del aspecto parcial del que va a tratar:

El espejo enterrado: Reflexiones sobre España y América.

Seguidos de mayúscula inicial, los dos puntos separan los epígrafes internos de un libro del texto que les sigue, cuando este comienza en la misma línea:

Análisis cualitativo: Taxonomía funcional.

El género: Desde la prehistoria.

También se usa la raya precedida de un punto.

f) En cartas y documentos administrativos
Tras fórmulas de saludo en el encabezamiento de cartas o documentos se emplean dos puntos (es incorrecto en español utilizar la coma). La palabra que sigue se escribe con mayúscula inicial y en renglón aparte:

Apreciado señor:

Nos complace mucho que haya aceptado...

Se escriben dos puntos en textos jurídicos y administrativos después del verbo que presenta el objetivo fundamental del documento (*certificar, exponer, solicitar...*) y que va escrito enteramente en mayúsculas. La palabra que sigue a dicho verbo se escribe con inicial mayúscula:

CERTIFICO: Que el Sr. Pedro López estuvo prestando sus servicios...

Del mismo modo se escriben dos puntos tras los gerundios *considerando* o *resultando* cuando preceden a cada una de las razones que sirven de apoyo a un fallo o dictamen.

g) Concurrencia con otros signos

Los dos puntos no pueden aparecer junto con el punto, el punto y coma o la coma, pero sí con los signos indicadores de modalidad (signos de exclamación, de interrogación, puntos suspensivos), como con los signos indicadores de que acaba un segundo discurso (signos de cierre de comillas, paréntesis, corchetes, rayas):

Existen aspectos genéticos que se pueden heredar....: el color de ojos, de pelo, la altura, el peso, etc.

Los dos puntos no eximen de escribir el punto de las abreviaturas.

⊗ *Querido Juan,*
Te comunico que llegaré...
⊗ *Algunas veces es incomprensible su comportamiento, hoy no ha querido hablar con nadie.*
⊗ *Tiene demasiado trabajo en la oficina; no podrá salir de vacaciones.*
⊗ *Trajo muchos regalos para la celebración. Dicho de otro modo, fue exagerada su contribución.*

Querido Juan:
Te comunico que llegaré...
Algunas veces es incomprensible su comportamiento: hoy no ha querido hablar con nadie.
Tiene demasiado trabajo en la oficina: no podrá salir de vacaciones.
Trajo muchos regalos para la celebración. Dicho de otro modo: fue exagerada su contribución

2.2.5 Los paréntesis [( )]

Son un signo ortográfico doble empleado para encerrar elementos incidentales o aclaratorios. La secuencia enmarcada por los paréntesis no se inicia con mayúscula, excepto cuando el signo de apertura va precedido por un punto o un signo de cierre de interrogación o exclamación:

Antonio tenía miedo (apretaba las manos y respiraba agitadamente) cuando abrió la puerta.

En la lectura en voz alta generalmente se baja el tono de voz al pronunciar lo contenido entre los paréntesis; de esta manera, se destaca el valor incidental (véase: Ortografía, 364).

2.2.5.1 Usos de los paréntesis

a) Para aislar incisos
Si bien las comas se utilizan para encerrar incisos, el empleo del paréntesis indica mayor grado de aislamiento de lo contenido en el paréntesis con respecto al texto. Estos incisos por lo general son frecuentemente oraciones con sentido pleno:

Los residentes del conjunto (muchos de los cuales nunca van a las reuniones) no entienden la necesidad de aportar una cuota extra.

También se usan para intercalar algún dato o precisión, como fechas, lugares, desarrollos de siglas, el nombre de un autor, etc.:

Todos sus amigos son de Cartagena (España).

«Cuanto menos se lee, más daño hace lo que se lee» (Unamuno).

> **Regla general**: El punto siempre se coloca después del paréntesis de cierre.

b) En obras teatrales

En las obras teatrales, los paréntesis se emplean para encerrar las acotaciones del autor (escritas en cursiva) o los apartes de los personajes:

«La pobre Amalia que consagró su vida a aprenderse una sola pieza en el saxofón, siempre la misma. (Repite con voz de saxo los primeros compases de la canción que acaba de cantar. Ríe feliz): A veces no resistía más, y le gritaba: (Grita): "¡Amalia, por Dios, deja ese cobre!". Y ella, muy seria, me gritaba: (Grita): "No seas bruta, niña. El saxo no es un cobre". Y seguía ensayando de día y de noche la misma canción» (García Márquez *Diatriba de amor* [Col. 1994]).

c) Usos auxiliares de los paréntesis

Para introducir opciones en un texto:

El (los) artículo(s) que se publica(n) en el periódico exponen la situación crítica de la comunidad.

Para desarrollar las abreviaturas o reconstruir las palabras incompletas del original:

R(equiescat) I(n) P(ace).

Aunque en estos casos se recomienda usar con preferencia los corchetes:

A[nno] a[etatis] s[uae].

En la reproducción de citas textuales, para indicar que se omite un fragmento del original se usan los paréntesis; también se pueden emplear los corchetes:

*La infraestructura es un problema general de especificaciones (…)
que se suma a la producción y articulación del mercado.*

O bien:

*La infraestructura es un problema general de especificaciones […]
que se suma a la producción y articulación del mercado.*

Las letras o números que presentan una clasificación se pueden escribir entre paréntesis; generalmente se escriben seguidos solo del paréntesis de cierre. El punto puede ser también un elemento separador:

Los materiales para la construcción se encuentran ubicados:

(a) en la esquina norte del patio oriental;

(b) en la sección central de la plaza de almacenaje.

O bien:

Los materiales para la construcción se encuentran ubicados:

a) en la esquina norte del patio oriental;

b) en la sección central de la plaza de almacenaje.

También:

Los materiales para la construcción se encuentran ubicados:

a. en la esquina norte del patio oriental;
b. en la sección central de la plaza de almacenaje.

d) Concurrencia con otros signos
Los delimitadores principales (punto, coma, punto y coma, y dos puntos) se escriben siempre después del paréntesis de cierre (Ortografía, 368). El punto se coloca siempre después del paréntesis de cierre, incluso cuando el texto abarca todo el enunciado:

Manejaba un automóvil Ford F-150 (si no recuerdo mal).

Cuando coinciden después de una palabra dos o más signos dobles, se cierra primero el que se haya abierto en último lugar:

«Espero llegar primero (¿por qué no puedo hacerlo?)», afirmó.

Cuando los puntos suspensivos o el cierre de interrogación o de exclamación van antes del paréntesis de cierre, el enunciado debe finalizarse con punto. Además, cuando la secuencia escrita entre paréntesis es interrogativa o exclamativa, los signos de interrogación o de exclamación deben escribirse dentro de los paréntesis:

Para ser un buen deportista se necesita practicar mucho (si lo hubiese sabido…).

Para escribir un ensayo, se recomienda redactarlo con tiempo (¡jamás dejarlo para última hora!).

Cuando la secuencia interrogativa o exclamativa constituye una unidad mayor que la contenida entre paréntesis, los signos correspondientes se escriben fuera de los paréntesis. La misma regla se aplica a los puntos suspensivos:

¿Cuándo se cumple el centenario de creada la OEA (Organización de Estados Americanos)?

Cerré los ojos y respiré profundamente (uno, dos, tres…), luego los abrí y comencé a responder el examen.

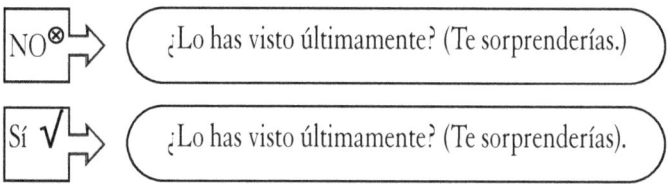

2.2.6 Los corchetes ([ ])

Signo rectangular ortográfico doble que se emplea en forma muy parecida a los paréntesis que explican o aclaran (Ortografía, 370).

2.2.6.1 Usos de los corchetes

a) Los corchetes se emplean para aislar cuando se cita un texto ajeno entre comillas, los comentarios y aclaraciones de quien reproduce la cita. En este caso, los corchetes señalan que el comentario o aclaración no pertenecen al autor de la cita, sino al autor del texto en el que esta se reproduce:

Para generar una imagen nítida, una lente debe tener una alta capa-

cidad de resolución [potencial para definir con claridad detalles ininteligibles] y buen contraste [grado de diferencia en el tono o del claro de luz a la sombra].

b) Se usan los corchetes cuando dentro de un enunciado que va entre paréntesis es necesario introducir una precisión o nota aclaratoria:

(Rulfo *Pedro Paramo* [Méx.1955]).

c) Usos auxiliares de los corchetes
Los corchetes se emplean en ámbitos específicos con funciones diferentes:
En poesía se coloca un corchete de apertura delante de las últimas palabras de un verso que no cabe en la línea y se termina alineándolo a la derecha en el renglón siguiente:

«Una noche
Una noche toda llena de perfumes, de murmullos y de música
[de älas,
Una noche
En que ardían en la sombra nupcial y húmeda, las luciérnagas
[fantásticas,»
(Silva *Obra* [Col. 1880-95]).

En los casos antes destacados que se empleó el paréntesis: para interpolar modificaciones de un texto o para completar escritura abreviada:

La infraestructura es un problema general de especificaciones [...] que se suma a la producción y articulación del mercado.
R[equiescat] I[n] P[ace].

En las referencias bibliográficas, se escribe entre corchetes la información que se restituye de cualquier dato que no figure en la fuente, o cuando se escriba abreviada su ausencia:

Rafel Uribe Uribe, Rafael. Diccionario abreviado de galicismos, provincialismo y correcciones del lenguaje. [Medellín]: Imprenta del Departamento, [1887].

Se emplean los corchetes en las fórmulas matemáticas o físicas cuando encierran operaciones que ya contienen paréntesis:

[(8-5) x 4+7)] x 9 = 207.

d) Concurrencia con otros signos

Cuando los corchetes concurren con otros signos de puntuación deben aplicarse las reglas que se emplean para los paréntesis.

> **Regla general:** El punto siempre se coloca después del corchete de cierre.

2.2.7 LA RAYA (—)

La raya es cuatro veces más larga que el guion (-) y dos veces más larga que el signo menos (–). No debe confundirse ni en su forma ni en sus funciones con el guion. Como signo ortográfico de puntuación, la raya puede emplearse como signo simple o como signo doble. Las secuencias encerradas entre rayas pueden tener puntuación propia cuando son un discurso autónomo con respecto al principal (véase: Ortografía, 373).

a) Las rayas dobles se emplean para encerrar unidades lingüísticas que introducen información complementaria o accesoria en el enunciado principal. Si a la raya sigue otro signo de puntuación, no se deja espacio entre ellos. La escritura de mayúscula o minúscula inicial en la secuencia que sigue a una raya depende de la función que esta desempeñe y de los contextos en los que aparezca.

2.2.7.1 Usos de la raya

a) Como signo delimitador, la raya es un signo doble que encierra un segundo discurso, como son los incisos. Su función es indicar que lo contenido no es parte central del mensaje:

Uno de los descubrimientos más importantes ha sido —sin lugar a dudas— la vacuna contra la viruela.

Las rayas se emplean para introducir una nueva aclaración en un texto ya encerrado entre paréntesis (véase: Ortografía, 374):

Teniendo en cuenta todos los materiales (divididos en apartados —especialmente los de francés— seleccionados cuidadosamente), el proyecto deberá concluirse pronto.

Se usan los paréntesis para intercalar alguna precisión en un inciso escrito entre rayas:

Escocia —estableció una colonia en el Darién (1698-1699)— fue una de las naciones que codició adueñarse de la entrada del mar del Sur.

La raya de cierre de inciso no debe suprimirse aunque vaya seguida de otro signo de puntuación o el inciso ocupe el final del enunciado:

Deseaba bajar de peso —unas diez libras—, lo que era un gran sacrificio.
Subastaron una parte de la colección del pintor —toda de la época oscura—.

b) Para enmarcar comentarios de un narrador o transcriptor
Las rayas se emplean en medio de una cita textual entrecomillada para enmarcar las aclaraciones del transcriptor quien reclama ser autor de las palabras que se citan (véase: Ortografía, 375):

«Es imprescindible —concluyó el secretario— dividir las acciones para que la compañía subsista».

No obstante, se emplea la coma cuando la aclaración aparece en posición final, fuera del texto entrecomillado:

«Es imprescindible dividir las acciones para que la compañía subsista», concluyó el secretario.

Como es costumbre, las rayas introducen o enmarcan comentarios del narrador a las intervenciones de los personajes en los textos narrativos. Se deben seguir las pautas a continuación para emplearlas correctamente (véase: Ortografía, 375):
No se escribe raya de cierre si tras el comentario del narrador no sigue hablando el personaje:

—*Lo has hecho muy bien —dijo Lucrecia con indignación.*

Se conservan las dos rayas cuando la intervención del personaje continúa:

—*Con mayor razón ahora —agregó Teresa—. Ahora que no tenemos nada.*

Cuando contiene un verbo de lengua (*hablar, decir, añadir, asegurar, preguntar, contestar, exclamar, pronunciar, afirmar, confesar*, etc.), el comentario del narrador se inicia con minúscula:

—*¡Cómo te parece! —prorrumpió horrorizada Cecilia.*

Los signos delimitadores principales (punto, coma, punto y coma y dos puntos) se escriben siempre inmediatamente después de la raya de cierre:

—*Me convenciste —susurró—. No tienes que decírmelo otra vez.*

Cuando no contiene un verbo de lengua el comentario del narrador, las palabras del personaje se cierran con punto y el inciso del narrador se inicia con mayúscula:

—*Espera un momento. —Cerró los ojos y se pasó la mano por la frente.*

Si luego del comentario del narrador continúa el parlamento del personaje, se debe escribir la raya de cierre después de la intervención del narrador y colocar en seguida un punto (véase: Ortografía, 376).

—*¿Necesita que me quede más tiempo? —se levantó rápidamente—. De no ser así, salgo inmediatamente al banco. Van a cerrar pronto.*

Cuando el comentario del narrador se intercala en mitad de un enunciado, el texto del inciso se inicia con minúscula:

—*Es imperdonable esa conducta agresiva —me dijo con irritación— es propia de un delincuente.*

c) La raya como signo simple
En textos narrativos, para señalar cada una de las intervenciones de un diálogo sin mencionar el nombre de quien habla. En este caso se escribe la raya antes de cada intervención y cada una empieza en línea aparte, pero no debe dejarse espacio entre el signo y el parlamento (véase: Ortografía, 377):

—*No esperaba verte hoy.*
—*Decidí pasar para saber cómo estabas.*

La raya también introduce cada uno de los elementos de una relación que se escriben en líneas independientes; en este caso se debe dejar espacio entre la raya y el texto que sigue y los elementos introducidos deben escribirse con minúscula inicial:

Según la posición de la sílaba tónica, las palabras polisílabas se dividen en:

— *agudas,*
— *graves,*
— *esdrújulas,*
— *sobresdrújulas.*

Es válido prescindir de los signos de puntuación:

Según la posición de la sílaba tónica, las palabras polisílabas se dividen en:
— *agudas*
— *graves*
— *esdrújulas*
— *sobresdrújulas*

Cuando los elementos de la lista son más complejos (bien por su extensión o por presentar puntuación interna) se escribe punto y coma al final de cada uno. Cuando los elementos son enunciado completos es recomendable cerrar cada miembro de la enumeración con punto (véase: Ortografía, 378).

NO ⊗	Sí √
⊗ *Esperaba a Emilio — un gran amigo —. Lamentablemente, no vino.*	*Esperaba a Emilio —un gran amigo—. Lamentablemente, no vino.*
⊗ *—¡Qué sorpresa! —Dijo alegre Soledad.*	*—¡Qué sorpresa! —dijo alegre Soledad.*
⊗ *—Ayer estuve en el hospital — me confesó, y añadió: —Me informaron sobre la cirugía que tendré.*	*—Ayer estuve en el hospital —me confesó, y añadió—: Me informaron sobre la cirugía que tendré.*
⊗ *—No se moleste —cerró la puerta y salió de mala gana.*	*—No se moleste. —Cerró la puerta y salió de mala gana.*

2.2.8 Las comillas (« », " ", ' ')

Las comillas son un signo ortográfico doble; ellas enmarcan palabras que corresponden a alguien distinto del emisor del mensaje.

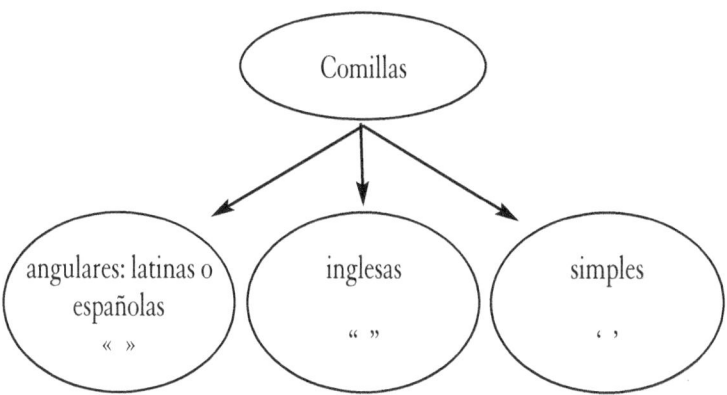

En los textos impresos se recomienda usar en primera instancia las comillas angulares, reservando los otros tipos para entrecomillar partes de un texto ya entrecomillado. Las comillas simples se emplearán en último lugar: (« " ' " »), (véase: Ortografía, 380).

«María exclamó lo siguiente: "¡Eres un 'experto' renombrado!", ¿cierto?».

2.2.8.1 Usos de las comillas

a) Como signo delimitador
Las comillas son un signo doble, ellas introducen y delimitan un segundo discurso, que se inserta en el discurso principal con algún propósito. Generalmente, este signo enmarca las palabras de alguien diferente al emisor:

«Un libro, como un viaje, se comienza con inquietud y se termina con melancolía», dijo José Vasconcelos.

b) En citas
Se emplean las comillas para enmarcar citas textuales o citas en estilo indirecto, pero siempre respetando la correlación de tiempos o los cambios de pronombres y adverbios. Los textos que se componen de varios párrafos se reproducen con sangrado respecto del texto, en un cuerpo menor o en cursiva. En este caso no se necesitan las comillas (véase: Ortografía, 381-382).

c) En la reproducción de pensamientos
En las obras de carácter narrativo, se entrecomillan los textos que reproducen de forma directa los pensamientos de los personajes.

d) Para marcar el carácter de una palabra o expresión
Se emplean las comillas para indicar que una palabra o expresión es impropia, vulgar o procede de otra lengua:

Siempre dice «cracrantes» cuando habla de esas galletas.

Se entrecomillan los términos o expresiones que se mencionan en un texto manuscrito para decir algo de ellos. En obras lingüísticas se utilizan las comillas simples para enmarcar los significados.
El título de un artículo, un reportaje, un cuento, un poema, el capítulo de un libro se entrecomillan. No obstante, los títulos de libros, revistas y periódicos se citan en cursiva o en redonda (si el texto base va en cursiva), (véase: Ortografía, 384-385).

e) Concurrencia de las comillas con otros signos
Los delimitadores principales (punto, coma, punto y coma, y dos puntos) se escriben siempre después de las comillas de cierre:

Me dijo con dureza: «No esperes nada de mí»; sin embargo, todos los meses recibí «anónimamente» un cheque con fondos suficientes para cubrir los gastos.

El punto debe colocarse siempre después del paréntesis, la raya, el corchete o las comillas de cierre.
No debe escribirse un punto de cierre de enunciado antes de un signo de cierre de comillas, paréntesis, corchetes o rayas.
No se escribe punto después de los signos de cierre de interrogación y exclamación, ni después de los puntos suspensivos.
La escritura de punto es obligatoria cuando después del cierre de interrogación o exclamación, o en seguida de los puntos suspensivos, aparece un paréntesis, una raya, un corchete o unas comillas de cierre.

 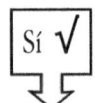

NO ⊗	Sí √
⊗ «Es imprescindible — señaló el Presidente — que se cierren las fronteras.» ⊗ «Cuándo tendré que estar allá?» ⊗ Él dijo, «Me parece excelente.»	«Es imprescindible —señaló el Presidente— que se cierren las fronteras». «¿Cuándo tendré que estar allá?». Él dijo: «Me parece excelente».

2.2.9 Los signos de interrogación (¿ ?) y de exclamación (¡ !)

> **Nota**: Estos signos delimitan las secuencias interrogativas y exclamativas directas. Los signos de interrogación y exclamación son signos dobles; de ahí que en la escritura deban escribirse al comienzo y al final de la secuencia correspondiente.

Es incorrecto suprimir el signo de apertura:

⊗ *Llamaste?*

√ *¿Llamaste?*

⊗ *Qué barbaridad!*

√ *¡Qué barbaridad!*

(Véase: Ortografía, 387-388).

2.2.9.1 Usos de los signos de interrogación y exclamación

Los signos de apertura se han de colocar justo donde empieza la pregunta o la exclamación, aunque no coincida con el comienzo del enunciado. Si no coincide con el inicio del enunciado, la secuencia interrogativa o exclamativa empieza con minúscula, quedando fuera los siguientes elementos:

a) Vocativos en posición inicial:

Helena, ¿puedes ayudarme?

Si van al final, son parte de la pregunta o exclamación:

¿Puedes ayudarme, Helena?

b) Enunciados aseverativos que van antes de apéndices confirmativos:

Eres deportista, ¿cierto?

c) Estructuras precedidas por *en cuanto a, con respecto a, en relación con*, etc.:

Con respecto al sueldo, ¿le parece bien la cantidad?

d) Adverbios y locuciones como *sinceramente, francamente, en resumidas cuentas, brevemente*, etc., que influyen en toda la oración:

Francamente, ¿te casarías hoy sin pensarlo?

e) Oraciones subordinadas condicionales, concesivas, causales y finales, cuando van antepuestas a la oración principal:

Si gano la promoción, ¡haré una fiesta para todos!

Puesto que no tenemos mucho dinero, ¿podemos decidir otra opción?

Para que lo sepan, ¡no hay otra oportunidad!

Cuando van al final, forman parte de la pregunta o la exclamación:

¡Haré una fiesta para todos si gano la promoción!

¿Podemos decir otra opción, puesto que no tenemos mucho dinero?

¡No hay otra oportunidad, para que lo sepan!

f) Muchos conectores discursivos que anteceden a la secuencia sobre la que inciden, van fuera de los signos de interrogación o exclamación:

Finalmente, ¿puedes estar completamente seguro de esa decisión?

g) Las conjunciones *y* y *o* en posición inicial deben escribirse como parte de la oración interrogativa o exclamativa:

¿Y cómo lo supiste?

h) La conjunción *pero* en posición inicial puede ir antes de la secuencia interrogativa o exclamativa (no se escribe coma entre ellas), o incluirse en ella (véase: Ortografía, 391):

Pero ¿vas a comprar uno nuevo?

¿Pero vas a comprar uno nuevo?

i) Cuando se escriben seguidas varias preguntas o exclamaciones breves, se pueden considerar como enunciados independientes y se iniciarán con mayúscula. Es también correcto escribirlas separadas por coma o por punto y coma:

¿Cuándo llegó? ¿Cómo estaba? ¿Qué dijo?

¿Cuándo llegó?, ¿cómo estaba?, ¿qué dijo?
¿Cuándo llegó?; ¿cómo estaba?; ¿qué dijo?

j) Cuando la exclamación está compuesta por elementos breves que se repiten, los signos de exclamación encierran todos los elementos (véase: Ortografía, 392):

¡Ay, ay, ay!

k) Ausencia de los signos de interrogación y exclamación en interrogativas y exclamativas directas
Se pueden omitir los signos de interrogación en enunciados interrogativos independientes que constituyen el título de una obra, un capítulo o una sección de un texto. Pero también es posible escribir los signos de interrogación:

Qué es la filosofía o ¿Qué es la filosofía?

En el uso general suelen escribirse en las interrogaciones retóricas los signos de interrogación. No obstante, en las interrogaciones retóricas en las que no se formula una verdadera pregunta, sino que se expresa una aseveración se pueden eliminar estos signos:

¿Cómo te lo iba yo a decir?
Cómo te lo iba yo a decir: (yo de ninguna manera te lo diría).

Los signos de exclamación se emplean para encuadrar las expresiones exclamativas que están constituidas por interjecciones: *¡Oh!*; locuciones o grupos interjectivos:

¡No me digas!, *¡Dios mío!*; onomatopeyas: *¡Plaf!*; vocativos: *¡Jóvenes!*; o grupos sintácticos y oraciones introducidos o no por un elemento exclamativo: *¡Es un honor!*, *¡Qué impresionante!*

En las expresiones inequívocamente exclamativas, es frecuente excluir los signos de exclamación:

Ay, perdone el desorden. (Véase: Ortografía, 389-390).

l) Usos especiales de los signos de interrogación y exclamación

Se utiliza el signo de cierre entre paréntesis para expresar duda (?) o sorpresa (!), normalmente marcando ironía.

Se puede abrir con exclamación y cerrar con interrogación, o viceversa, cuando el sentido de una oración es interrogativo y exclamativo a la vez. Aunque es preferible abrir y cerrar con los dos signos a la vez (véase: Ortografía, 392-393):

¡Acaso no tengo tiempo para decidir?

¿Acaso no tengo tiempo para decidir!

¿¡Acaso no tengo tiempo para decidir!?

Para enfatizar el énfasis en la entonación exclamativa, se pueden escribir dos o tres signos de exclamación:

¡¡¡Mentiroso!!!

Para escribir fechas dudosas, se colocan ambos signos, el de apertura y el de cierre:

Flaín Muñoz (¿975?-¿1000?)

También puede escribirse únicamente el signo de cierre:

Flaín Muñoz (975?-1000?).

Cuando se desconoce un dato se escribe en su lugar el signo de cierre:

Rodrigo Díaz (?-1099).

m) Concurrencia con otros signos

Cuando los signos de interrogación y de exclamación finalizan el enunciado no se agrega punto final.

La coma, el punto y coma y los dos puntos se escriben después de los signos de interrogación y exclamación sin dejar espacio de separación:

¿Cuándo llegaste?, pensamos que no vendrías hoy (véase: Ortografía, 393-394).

NO⊗	Sí √
⊗ Cómo te llamas? Te pareces a tu hermano. ⊗ Tramposo!!! ⊗ ¿Llegó temprano?, ¿Cómo estaba?, ¿Qué dijo? ⊗ Me preguntó «te cansarías de ayudarme?»	¿Cómo te llamas?, te pareces a tu hermano. ¡¡¡Tramposo!!! ¿Llegó temprano? ¿Cómo estaba? ¿Qué dijo? Me preguntó: «¿te cansarías de ayudarme?».

2.2.10 Los puntos suspensivos (...)

Este signo indica una suspensión o una omisión en el discurso. Cuando cierran el enunciado, la palabra siguiente se escribe con mayúscula inicial:

Entregaron todo... No obstante, no fue suficiente.

Si después de ellos prosigue el enunciado, la palabra siguiente se inicia con minúscula:

Desearía que... no hubiesen regresado.
(Véase: Ortografía, 394-395).

2.2.10.1 Usos de los puntos suspensivos

a) Los puntos suspensivos como indicadores de modalidad y omisión
Señalan la existencia de una pausa transitoria que expresa duda, temor o vacilación:

La ambulancia está frente a la casa...

Quisiera saber...

Él trataba... trataba de entender lo sucedido.

Se emplean para crear expectación:

Cuando se entere...

Se utilizan de igual manera cuando se deja el enunciado incompleto y en suspenso por la razón que sea:

Llegó la patrulla y la violencia estalló....

En los diálogos destacan silencios expresivos de los interlocutores:

—Vine a decirle que yo..., yo no puedo hacerlo..., no quiero hacerlo...

b) Otros usos

Los puntos suspensivos también se escriben para indicar la omisión de palabras del enunciado porque se las considera innecesarias o porque ya se conocen (véase: Ortografía, 396-397).

Interrupción voluntaria del discurso, porque el interlocutor conoce lo que sigue:

Bueno, ya todos saben el resultado..., llegó la hora...

Para no repetir la cita completa del título largo de una obra ya mencionada:

Ortografía...

Para insinuar expresiones o palabras malsonantes sin reproducirlas:

¡M... sea!

Al final de enumeraciones abiertas o incompletas, con

el valor de la palabra etcétera. Debe evitarse poner puntos suspensivos después de etcétera por ser redundante:

Inmediatamente entra, se sienta, carraspea, respira profundamente, saca un cigarro...

No debe escribirse:

⊗ *Inmediatamente entra, se sienta, carraspea, respira profundamente, saca un cigarro, etcétera...*

Para suspender una palabra o un fragmento en medio de un texto que se cita, se usan los puntos suspensivos entre corchetes [...] o, entre paréntesis (...):

El designado para el cargo fue Ernesto [...] por conocer todo el proceso y ser el mejor capacitado.

c) Concurrencia con otros signos

Después de los puntos suspensivos no debe seguir el punto; por tanto, cuando aparecen al final del enunciado, deben escribirse únicamente tres puntos (véase: Ortografía, 398).
Pero si van después de una abreviatura se debe escribir el punto que la cierra; es decir, deben escribirse cuatro puntos en total y se conserva la tilde si la llevan:

pág., pról., lám....

La coma, el punto y coma y los dos puntos se escriben después de los puntos suspensivos sin dejar especio de separación (véase: Ortografía, 399):

Cuando traigas los lápices, los libros..., tendrás oportunidad de concluir el proyecto.

Se necesita una explicación...: ¿aplicaron la sanción?

Los puntos suspensivos van antes de la raya, el paréntesis o las comillas de cierre si lo que se omite forma parte del discurso enmarcado por esos signos:

Como dice el aforismo: «Más vale pájaro en mano...».

Cuando se presentan con los signos de interrogación o exclamación, se escriben antes de los signos de cierre si el enunciado interrogativo o exclamativo está incompleto:

¡Ya te dije que no...!

Si el enunciado interrogativo o exclamativo está completo, los puntos suspensivos se escriben delante y sin espacio de separación:

¿Habrá llegado a tiempo?... Vana esperanza.

Cuando se junten el punto de una abreviatura, los puntos suspensivos y el signo de cierre de interrogación o exclamación, se deben escribir los puntos suspensivos sin eliminar ninguno de los puntos (véase: Ortografía, 400):

¿Vas a viajar a Europa o a EE.UU....?

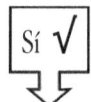

⊗ «Este fin de semana iremos... ¡A casa de los primos!».
⊗ «La sorpresa ha sido... Ocho tiendas de campaña».
⊗ «Me encantaría ir,... pero no creo que vaya a poder».
⊗ Lápices, papel, hojas, colores..., etc.

«Este fin de semana iremos... ¡a casa de los primos!».
«La sorpresa ha sido... Ocho tiendas de campaña».
«Me encantaría ir..., pero no creo que vaya a poder».
Lápices, papel, hojas, colores, etc.

3. Los signos auxiliares

Estos signos son de carácter complementario con diversas funciones, todas ellas diferentes a las de los signos diacríticos y a las de los signos de puntuación. No debe olvidarse que estos caracteres han sido de gran ayuda desde la antigüedad para los textos escritos. Como parte de la lengua han ido evolucionando y variando, como ya se observó en los gramáticos como Isidoro de Sevilla, quien destacó su importancia.

Estos signos desempeñan diversas funciones que van desde las más directamente ortográficas, cuando deben usarse obligatoriamente (guion, apóstrofo); hasta las de carácter periférico y simbólico (asterisco, flecha). También existen signos de carácter tipográfico (topos, bolos, boliches). Aquí se tienen en cuenta aquellos signos auxiliares que se emplean en la escritura de cualquier texto; así como algunas que han entrado en el uso diario debido a la informática y a la tecnología de la información (véase: Ortografía, 400-401).

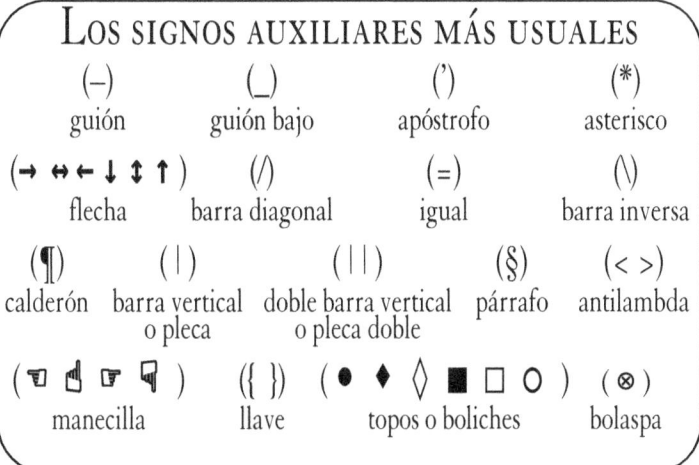

3.1 Guiones (-), (_)

3.1.1 Guion (-)

Su forma es parecida a la de la raya (—), pero su longitud es cuatro veces menor (-). No debe confundirse con el signo menos (–), dos veces más largo, que se utiliza en matemáticas como operador de sustracción y en la escritura de los números negativos.

a) Como signo de división de palabras a final de línea
En la escritura cuando la palabra no tiene suficiente espacio y debe continuar en la siguiente línea, el guion señala que el último elemento del renglón es un fragmento, que debe unirse al fragmento que inicia el renglón siguiente. Esta división de palabra se hace respetando las sílabas; por tanto no debe escribirse el guion entre letras pertenecientes a una misma sílaba:

⊗ su-bli-mi-nar, debe ser: √ sub-li-mi-nar.

⊗ de-sha-cer, se debe escribir: √ des-ha-cer.

＊＊＊

Para efectuar la división de palabras en sílabas se deben tener en cuenta las siguientes reglas (véase: Ortografía, 196-201):
Las sílabas deben contener al menos una vocal:

Ca.sa, ár.bol, án.gu.lo.

Existen estructuras silábicas más complejas: toda consonante o secuencia de consonantes ubicadas al comienzo de la palabra forma sílaba con la vocal siguiente:

Trán.si.to, plie.gue.si.llo.

Del mismo modo, toda consonante o secuencia de consonante localizada al final de la palabra se junta con la vocal anterior:

Ré.cords, for.ceps, ver.dia.zul.

Una consonante entre dos vocales forma sílaba con la vocal última:

E.quis, á.ga.pe.

Dos consonantes entre vocales, cuando no son dígrafos[27], presentan dos situaciones:
o El grupo constituido por pr, br, tr, cr, dr, gr, fr, kr, como pl, bl, cl, kl, gl, fl son siempre inseparables y forman sílaba con la vocal o la secuencia vocálica que les sigue:

Tri.ple, é.go.gla, co.bra.

No obstante, esta regla tiene excepciones en casos de prefijos como sub-, post-, ad-, ab- cuando se anteponen a una palabra que empieza por l o r ; ya que estas dos consonantes no se agrupan con la consonante anterior, sino que forman sílaba con la vocal que les sigue:

Sub.li.te.ra.tu.ra, sub.ru.ti.na, ad.la.te.re.

o La secuencia *tl*, en España y en otros lugares se pronuncia en sílabas diferentes, mientras que en muchos países

---

27   Dígrafos: Las combinaciones de dos letras: *ch, ll, gu, qu, rr* que representan fonemas (véase: Ortografía, 64).

hispanohablantes esta secuencia se pronuncia como un solo fonema; por tanto, las palabras que contienen esta secuencia se separan de dos formas:

At.lán.tico o A.tlán.ti.co.

O Cuando son tres las consonantes entre vocales, las dos primeras se unen a la vocal anterior y la tercera forma sílaba con la vocal siguiente:

Obs.te.tra, su.pers.ti.te.

Pero cuando las dos últimas consonantes forman parte de los grupos inseparables (pr, br, tr, cr, dr, gr, fr, kr, pl, bl, cl, kl, gl, fl) estos se deben respetar:

Cons.truir, as.tro.nau.ta, am.pli.tud.

O Cuando son cuatro las consonantes entre vocales, las dos primeras van con la vocal que las precede y las dos últimas con la que las sigue:

Obs.truir, ins.truc.ción.

* * *

Regresando al guion:
b) Ante la presencia de vocales
O Los grupos de dos o más vocales, se pronuncien o no dentro de la misma sílaba, no se pueden separar nunca con guion de final de línea:

muer-/te, nunca ⊗ *mu-/erte*

⊗ *sal-/drí-/as,* sino *sal-/drías*

zoo-/fago, y no ⊗ *zo-/ófago*

«De ahí que palabras como *oíais* o *leíais* no pueden dividirse de ninguna manera a final de línea, aunque cada una de ellas conste de tres sílabas ([o.í.ais], [le.í.ais])» (Ortografía, 405).

○ Cuando una vocal sola constituye la primera sílaba de una palabra, no se debe separar de la sílaba siguiente para evitar que quede aislada:

Abo-/gado, y no ⊗ *a-/bogado.*

úni-/co, nunca ⊗ *ú-/nico.*

Pero si la vocal va precedida de una *h,* sí se puede separar:

Ha-/bano, he-/chura.

○ Los dígrafos *ch, ll, rr* no se pueden separar en sílabas distintas porque representan un solo fonema:

Arre-/batar, bote-/lla, cor-/cho, anti-/rrobo, auto-/rretrato, etc.

La excepción ocurre con elementos compositivos que terminan en *–r* (ciber-, hiper-, inter-, super-) antepuestos a una palabra que comienza por *r-*; en este caso se coloca el guion de final de línea entre las dos *rr* para hacer fácil la identificación del término y su lectura; en esta situación, las dos erres no representan un sonido único:

Inter-/relación, nunca ⊗ *inte-/rrelación.*

Super-/realista, y no ⊗ *supe-/rrealista.*

○ Con palabras que tienen la letra *x*, esta se considera inicio de sílaba: ane-/xionista, apro-/ximado. Pero cuando la *x* va seguida de consonante siempre cierra sílaba y el guion va después:

Mix-/tificar, tex-/tualista, inex-/plicado, ex-/celente.

o Las palabras que contiene *h* muda intercalada se dividen a final del renglón como si esa letra no existiera:

Adhe-/rente, inhi-/bición, enhe-/brar, anhí-/drido.

Lo mismo sucede con palabras prefijadas o compuestas:

Des-/hidratar, des-hierbar, mal-/herido.

No obstante, no se pueden separar las palabras que dejen a final del renglón una vocal aislada, como antes se señaló:

Ahor-/quillar, nunca ⊗ *a-/horquillar.*

Sin embargo, no se separan secuencias vocálicas que pertenezcan o no a la misma sílaba:

Alcóho-/lico, cohe-/rente, al-/cohol, prohi-/bir.

Cuando la palabra deriva de extranjerismos y la *h* intercalada precede a una consonante, el guion de final de línea debe colocarse después de la *h* para evitar grupos consonánticos extraños:

óh-/mico, brah-/mánico.

Pero en palabras provenientes de otras lenguas, cuando la *h* intercalada representa un sonido aspirado en español, este grafema se considera como otra consonante:

Mo-/hamed (véase: Ortografía, 406-407).

c) Recomendaciones ortotipográficas
o Evitar las divisiones que generen fragmentos coinciden-

tes con voces malsonantes para no dar lugar a tergiversaciones:

Artí-/culo, dis-/puta.

- Se recomienda no dividir palabras de cuatro letras:

  Ma-/no, pa-/to.

- Evitar que al dividir una palabra queden al principio o al final de la línea dos sílabas iguales seguidas:

  Confirmó que que-/maría todo.

- Después de punto seguido, no dejar al final del renglón una sílaba de tres letras o menos:

  Dijo que no era una buena idea. No lo haría cons-/cientemente. Debe dividirse: *conscien-/temente.*

d) Como signo de unión entre palabras u otros elementos
- El guion sirve para unir palabras entre las que existe un vínculo fuerte:

  Hispano-árabe, franco-alemán, físico-químico.

- Para unir nombres propios
  Con nombres de pila para evitar que el segundo se entienda como apellido:

  Juan-Diego,

  María-José, etc.

  Con apellidos

  Pérez-Castillo.

No debe escribirse guion con apellidos de dos palabras cuando frecuentemente presentan variación de escritura:

San Pedro, Sampedro.

Los topónimos de dos palabras no cambian:

Santa Clara, Buenos Aires.

O Gentilicios
Se unen con guion para mantener la denotación independiente de cada uno de ellos:

Relaciones *argentino-bolivianas*, película *rumano-francesa*

O No gentilicios
Se emplea el guion con adjetivos que se relacionan estrechamente y con los cuales no se quiere emplear un nexo coordinativo:

[Ensayo] *lingüístico-literario*, [naturaleza] *sado-masoquista*, etc.

O Para unir dos o más sustantivos
El caso más general lo constituyen dos sustantivos cuando forman una unidad compleja:

Lectura-escritura, director-presentador, etc.

Aunque existen situaciones donde los dos sustantivos forman una unidad conocida que no requiere del guion:

Sofá cama, hombre rana, pájaro mosca.

e) En expresiones formadas por repetición de elementos iguales o similares
O Las palabras formadas por duplicación del mismo ele-

mento o por repetición de una sílaba (a veces con vocales diferentes) se escriben sin guiones cuando se emplean como sustantivos:

Tictac, zigzag, chachachá, pillapilla, bullebulle, picapica, etc.

Pero cuando estas expresiones repetitivas tienen valor onomatopéyico y se usan para imitar sonidos, lo normal es separa con comas los elementos que se repiten:

Ja,ja,ja.

No deben confundirse estos compuestos formados por repetición de elementos con las duplicaciones de valor intensivo de palabras independientes:

Es un chico inteligente inteligente [= muy inteligente].

Le gusta el café café [= café auténtico].

Era muy muy grande [= enorme].

En estas construcciones no debe usarse nunca el guion. En cambio, es admisible el uso de guiones en aquellos casos en que el conjunto de repeticiones se identifica expresivamente como una sucesión continua:

Taca-taca-taca (taconeo).

o Los prefijos y elementos compositivos asimilados deben escribirse siempre soldados gráficamente a la base a la que afectan cuando esta es una sola palabra:

Antisemita, exgobernadora, precampaña, proamericano, superagobiado.

En cambio, si la base es pluriverbal, se escriben separados:

Anti trata de blancas, ex primer ministro, pro derechos humanos, super a disgusto.

En los siguientes casos se puede utilizar el guion para unir un prefijo a su base léxica:

→ Cuando el prefijo se une a una sigla:

Mini-USB, anti-UV., anti-OEA.

→ Cuando el prefijo se une a una palabra escrita con inicial mayúscula:

Pro-Mandela, pos-Picasso, anti-Sadam.

Cuando el resultado de la unión del prefijo a una base dé lugar a un nombre propio, lo indicado es prescindir del guion y escribir la palabra con mayúscula inicial:

Suramérica

Superratón

→ En términos científicos, se utiliza el guion después de las letras del alfabeto griego utilizadas como prefijos:

α-amilasa, β-talasemia.

También puede emplearse el nombre de la letra griega como prefijo, unido a la base sin guion:

Alfaamilasa, betatalasemia.

Cuando uno de estos términos deba escribirse con mayúscula, esta afectará únicamente a la base:

β-Talasemia.

(Véase: Ortografía, 420).

→ Excepcionalmente, el guion puede separar el prefijo de su base cuando se desea enfatizar el valor semántico del componente:

Es una estructura pre-hecha y pre-determinada.

→ Cuando se coordinan dos o más palabras prefijadas que presentan la misma base léxica, es posible omitir la base en todas las menciones, excepto en la última:

Ese es el carácter pre-, sin- o postcinemático de un cristal.

Cuando la base es pluriverbal, se elimina el guion, ya que los prefijos se escriben siempre libres en esa circunstancia:

Anti y pro derechos humanos.

No se debe usar este procedimiento si uno de los elementos coordinados no es una palabra prefijada:

⊗ *Talleres de pre- y producción audiovisual.*

Debe escribirse: *Talleres de preproducción y producción audiovisual.*

⊗ *Lesiones pre- y cancerosas,*

Debe ser *Lesiones precancerosas y cancerosas*

(Véase: Ortografía, 420-421).

f) En expresiones que combinan cifras y letras
Se separan tradicionalmente con guion:

DC-10, omega-3, super-8.

En cambio, las siglas formadas por letras mayúsculas y números no emplean el guion y no dejan espacio:

Telefonía *4G, H1N1* [virus de la gripe A].

g) Otras funciones
Como nexo en expresiones numéricas

→ La norma ISO 8601 exige que en la expresión normalizada de una fecha, el guion se emplea para separar las cifras: 15-6-2015 (15 de junio de 2015); en esta situación también se puede emplear la barra (/).

→ También se utiliza para separar las cifras de un número de teléfono:

71-1-375-2872.

Del mismo modo, se emplean los espacios en blanco en esta situación:

71 1 375 2872.

→ El guion conecta cualquier tipo de intervalo numérico:

Págs. 73-89, siglos XVIII-XX, 1798-1856.

Como separador de sílabas
En este caso el guion se escribe entre espacios finos:

Mur – cié – la – go, de – ses – pe – ra – ción.

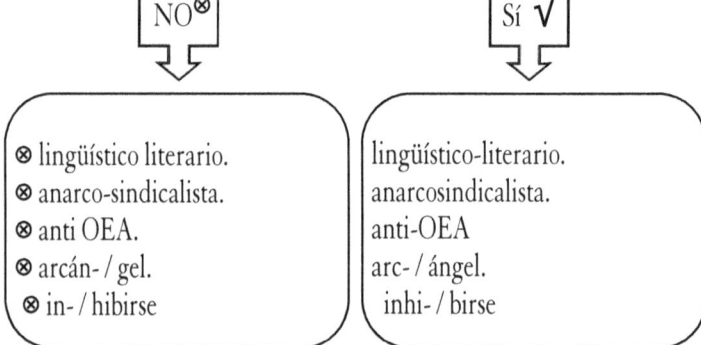

3.1.2 Guion bajo (_)

Este guion se sitúa en la línea de escritura y se emplea únicamente en el ámbito de las nuevas tecnologías de información para remplazar el espacio en nombres de archivo, correos electrónicos y páginas web:

anastasia_weber@hotmail.com

www.Guion_bajo.org.

En dispositivos que no admiten el uso de formatos tipográficos, el guion bajo se utiliza para englobar la palabra o palabras que deberían aparecer en cursiva, debe aparecer sin espacios de separación:

¿Me podrías prestar_Don Quijote de la Mancha_ para estas vacaciones?

3.2 Barras (/), (//), (\), (|), (||)

Bajo este nombre se agrupan varios signos auxiliares que están constituidos por trazos rectos, inclinados o verticales con relación a la línea de escritura.

3.2.1 Barra (/)

> En los manuscritos griegos y latinos, que raramente utilizaban el espacio como separador de palabras y cuya lectura se realizaba en voz alta, se utilizaba un signo con forma de barra para separar voces o expresiones que no debían leerse unidas. Tras el triunfo del espacio como separador de palabras, la barra continuó utilizándose como signo de división de palabras a final de línea. Además de este uso auxiliar, tanto en manuscritos como en los primeros textos impresos, la barra, denominada vírgula, se utilizó como signo de puntuación con valor similar al de la coma actual (Ortografía, 424-425).

3.2.1.1 Usos de la barra

a) Como signo abreviativo: aunque en la actualidad las abreviaturas se cierran con punto, existen algunas formas convencionales que mantienen la barra como signo de abreviación:

c/ por *calle,*

v/ por *visto.*

Es más frecuente en el presente el uso como abreviación de expresiones pluriverbales:

c/c por *cuenta corriente.*

b) Como indicador de final de línea, precedida y seguida de espacio: para separar los versos de los textos poéticos reproducidos en línea seguida:

Caminas, madre, sin rodillas, / dura de ímpetu y confianza; / con tus siete pueblos caminas / en tus faldas acigüeñadas; / caminas la noche y el día, / desde mi Estrecho a Santa Marta, / y subes de las aguas últimas / la cornamenta del Aconcagua. / Pasas el valle de mis leches, / amoratando la higuerada; / cruzas el cíngulo de fuego / y los ríos Dioscuros lanzas; / pruebas Sargassos de salmuera / y desciendes alucinada... (Mistral *Tala* [1938, 99]).

c) En las transcripciones de portadas o colofones de textos antiguos, la barra entre espacios señala el punto en el que se produce un cambio de línea en el original:

LA ARAVCA / na de don Alonso de Er- /cilla / y çuñiga.

d) En obras de ortografía, para señalar el final de línea al ejemplificar las pautas para la división de palabras cuando no caben completas en el mismo renglón: así, será incorrecto separar S. / M. por *Su Majestad*.

e) Como signo de unión o de relación entre palabras u otros elementos
La barra también se puede utilizar para unir o relacionar palabras u otros elementos, con diferentes propósitos (véase: Ortografía, 426):
Para expresar división, proporción o relación entre los elementos que vincula, remplazando a una preposición; se escribe sin separación alguna de las palabras o signos que une.

2000 m/s [= metro por segundo];

500 km/h [= kilómetros por hora];

379 l/m2 [litros por metro cuadrado].

Para expresar sintéticamente una disyunción entre dos

o más opciones posibles entre las que se establece una oposición o alternancia:

Querido/a amigo/a [= querido amigo o querida amiga].

Se escribe siempre sin espacio previo ni posterior y puede alternar con los paréntesis:

Querido(a) amigo(a):

— *examen/es* (por *examen o exámenes*)

— en el par *gineta/jineta* la forma con jota es la menos usada.

En textos periodísticos, se utiliza entre espacios para separar los elementos de la firma de la noticia cuando se deba a más de un redactor o fuente:

El País/EFE.

f) Otros usos de la barra

En formularios y bases de datos se utiliza también la barra para separar los dígitos correspondientes al día, mes y año en la expresión de las fechas:

12/08/2015.

En informática se emplea la barra para separar los subdominios jerárquicos de las direcciones electrónicas:

http://www.rae.es/recursos/diccionarios/drae

En matemáticas, la barra se utiliza como signo de división, equivalente al símbolo ÷ o a los dos puntos: 15/3 [= 15 ÷ 3 o 15:3; 'quince dividido por tres']. Del mismo modo, se emplea para la expresión de quebrados y fracciones: ¾ ('tres cuartos'). A diferencia del resto de los operadores matemáticos, la barra se escribe sin separación respecto de los números o símbolos entre los que aparece. Los símbolos de porcentaje y del tanto por mil cuentan con muchos tipos de letra con un carácter tipográfico propio: ‰, ‰, ¼, ½, ¾, ⅛, ⅜, ⅝, ⅞.

En obras lingüísticas, se utiliza como signo doble para encerrar la representación de los fonemas en las transcripciones fonológicas:

/enˈklabe/.

En las transcripciones fonéticas se usan, en cambio, los corchetes:

[in kluˈsi βe].

«La expresión *y/o* (calco del inglés *and/or*) se utiliza en la actualidad para hacer explícita la posibilidad de elegir entre la suma o la alternativa de dos opciones: *Se ofrecen plazas para pianistas y/o violinistas*. Puesto que la conjunción *o* puede expresar en español ambos valores conjuntamente, se aconseja restringir el empleo de esta fórmula a los casos en los que resulte imprescindible para evitar ambigüedades en contextos muy técnicos» (Ortografía, 426).

3.2.2 Barra doble (//)

Se empleaba en la puntuación medieval y humanística para señalar la división de palabras a final de línea.

3.2.2.1 Usos de la barra doble

En la actualidad es un signo auxiliar de función separadora en los siguientes casos:

Cuando se reproducen textos poéticos en línea seguida, señala el lugar en el que tiene lugar el cambio de estrofa en el original. Se escribe entre espacios:

Flor de las adormideras. // Una se te parecía... / (Y tiemblo sólo de ver / tu mano puesta en la mía: / tiemblo no amanezca un día / en que te vuelvas mujer). (A. Reyes *Huellas* [Mex., 1922]).

Para señalar el cambio de párrafo o de página en ediciones de textos antiguos. La doble barra puede ir seguida de número de folio o página. La doble barra se escribe separada por un espacio previo del texto que se transcribe, y sin separación respecto al número que la acompaña:

«*Don Garçi Pérez de Toledo, notario //13v del rey en el Andaluzía, confirma*» (Privilegio [Esp. 1257].
        (Véase: Ortografía, 428).

En informática, y precedido de dos puntos, la barra doble se emplea para separar la indicación del protocolo de comunicación (normalmente http, del inglés hyper text transfer protocol) del dominio y subdominios de la dirección electrónica:

http://www.rae.es.

3.2.3 Barra inversa (\ )

Se conoce como *antibarra* o *contrabarra*. Su uso se reserva exclusivamente al ámbito informático, como separador de los elementos jerarquizados de carpetas y subcarpetas en algunos sistemas operativos. Se escribe siempre sin espacio de separación:

C:\DRIVERS\audio

3.2.4 Barra vertical o pleca (|)

Actúa fundamentalmente de separador en contextos técnicos, pero carece de empleo en textos de carácter general. Este signo auxiliar aparece siempre precedido y seguido de espacio. Se emplea:

En obras sobre versificación clásica para separar los pies métricos que componen los versos:

El tetrámetro latino responde al esquema: - U | - UU | - UU | - U.

En obras de carácter lingüístico, señala la existencia de una pausa breve dentro de un enunciado:

Los que no hayan llegado a tiempo | deberán esperar antes de salir.

En matemáticas, se emplea como signo doble para indicar el valor absoluto de la expresión que encierra:

|ab| = |a|.|b|.

3.2.5 Doble barra vertical o pleca doble (||)

Solo se emplea en contextos técnicos, sobre todo de carácter lingüístico o filológico. Se utiliza como signo simple, precedido y seguido de espacio.

Como signo doble se usa en diccionarios para separar los distintos significados o acepciones de las palabras, cuando se ofrecen en línea seguida.

En obras lingüísticas, en contraste con la barra vertical que indica una pausa breve, señala una pausa mayor:

Había hablado mucho, | demasiado talvez. || Prometió no volver a hacerlo.

En la edición de textos poéticos, señala la cesura o pausa interior del verso:

De los sos ojos || tan fuertemientre llorando (Cid).

También se puede señalar la cesura entre hemistiquios; se marca únicamente con un espacio en blanco de proporción algo mayor a la de la sangría:

Grandes son los gozos   que van por es logar,
cuando mio Cid gañó a Valencia   e entró en la cibdad.
Los que fueron de pie   cavalleros se fazen;
el oro e la plata   ¿quién vos lo podrié contar?
Todos eran ricos   cuantos que allí ha.
            (Cid [Esp.c1140]), (véase: Ortografía, 429).

3.2.6 Antilambda o diple (< >)

La *diple* o *diplé*, símbolo formado por dos líneas que convergen en un ángulo a la derecha (>) o a la izquierda (<), se llama también *antilambda* porque su figura se parece a la forma mayúscula de la letra griega lambda (Λ), dispuesta horizontalmente.

> El nombre alternativo *diple* responde a la denominación latina tradicional de signo >, cuya forma inversa (<) fue denominada *diple aviesa* ('torcida, inversa') por san Isidoro. La diple comenzó a utilizarse en los márgenes de los manuscritos griegos y latinos para indicar que en la línea por ella señalada había un pasaje relevante o una palabra digna de glosa. Posteriormente, este signo fue adoptado en los manuscritos medievales para señalar las citas, en especial las bíblicas. La introducción del signo inverso (<), junto con la posterior duplicación de cada uno de ellos en los textos impresos, constituye el primer paso hacia el establecimiento de las actuales comillas (« »). Así, cuando se abandonó su uso marginal y comenzaron a insertarse en la línea de texto para delimitar claramente las citas, ya se trataba de un signo doble de carácter estrictamente ortográfico (Ortografía, 430).

3.2.6.1 Usos de la antilambda

a) Se usa como signo simple (<):
En matemáticas, donde el signo de cierre indica que la cifra o variable que le precede es mayor que la que le sigue (5 > 3), mientras que el signo de apertura indica lo contrario (1 < x).
En lingüística histórica, el signo de cierre indica que la palabra que le antecede da origen a la que le sigue (vet - lum > viejo), mientras que el signo de apertura indica lo contrario (cabildo < capit lum).

b) Como signo doble (< >) se emplea para encerrar parentéticamente fragmentos de palabras o palabras completas, motivo por el que estos signos reciben también las denominaciones alternativas de paréntesis angulares o corchetes angulares y se emplean:
En ediciones críticas de textos antiguos para encerrar los desarrollos de fragmentos omitidos en las abreviaturas, así como aquellas palabras que no figuran en el original, pero son restituidas por el editor:

*P<ir>mer día de octu
e.*

En informática se utilizan para encerrar direcciones de correo y de páginas electrónicas:

Nuestro buzón de contacto es <defensor@elpais.es>.

Igualmente se utiliza como delimitador que encierra las

etiquetas propias de los lenguajes de marcación (SGML, HTML, XML...): <title>Manual de instrucciones</title>. El signo de apertura va seguido de una barra en las etiquetas de cierre (véase: Ortografía, 431).

3.2.7 Llave ({ })

La llave es un signo doble.

3.2.7.1 Usos de la llave

Se utiliza para envolver miembros de un cuadro sinóptico que deben considerarse agrupados y unidos para determinado fin.
En matemáticas se utiliza para agrupar los elementos de un conjunto o los sistemas de ecuaciones:

$B = \{a, b, c, d\}$

En ningún caso deben escribirse dos puntos tras el concepto que genera la llave, este uso es redundante.
Como signo doble, las llaves pueden emplearse para contener alternativas posibles en un determinado contexto. Si las alternativas se disponen en la misma línea, suelen separarse mediante barras u otros signos:

Aseguro {llegar / que llegaré} a la reunión. Retorna {de la costa ~ de allá}. (Véase: Ortografía, 431-432).

3.2.8 Apóstrofo (')

Es un signo ortográfico auxiliar en forma de coma alta, que se usa poco actualmente en el español. No debe usarse la tilde (´) para representar el apóstrofo. Tampoco debe haber espacios antes o después.

3.2.8.1 Usos del apóstrofo

a) Se empleaba para indicar la omisión o elisión de alguna vocal: *l'aspereza* (la aspereza). Recientemente, se ha restablecido en algunas reimpresiones de textos antiguos. Su utilización se limita a usos filológicos o literarios.
b) Se utiliza también para reflejar en la escritura la supresión de sonidos que se produce en la pronunciación de palabras sucesivas en la lengua oral:

m'ijo.

Cuando cae la vocal final de la primera palabra y la segunda empieza por hache, esta debe conservarse:

Vamos pa l'Habana.

El apóstrofo no debe utilizarse para marcar ni las apócopes[28] ni las aféresis[29] de una voz que se producen con independencia de la palabra que les siga:

Pa por *para,*

---

28 Apócope: supresión de una o más letras al fin de una palabra (Moliner). Como *foto* por *fotografía.*
29 Aféresis: supresión de una o más letras al principio de una palabra. Como *chacha* por *muchacha* (Moliner).

na por *nada,*

ña por *doña.*

c) En textos en español deben conservarse los apóstrofos presente en denominaciones o expresiones propias de otras lenguas:

Mr. Hastings' pen;

O'Dun;

twelve o'clock;

c'est magnifique.

d) Usos incorrectos

No se debe emplear el apóstrofo precediendo a la expresión de un año de forma abreviada omitiendo los dígitos correspondientes al siglo:

⊗ *Generación del '48*

√ *Generación del 48.*

Ni tampoco para expresar las décadas en cifras:

⊗ *los 30's,*

√ *los treinta* (véase: Ortografía, 695).

Tampoco se debe emplear el apóstrofo para indicar el plural de las siglas, tal como hace el inglés:

⊗ *DVD's.*

De igual modo, no se debe emplear como signo separador en expresiones numéricas de la hora:

⊗ *las 15'30 h.*

Como tampoco como separador decimal en expresiones numéricas:

⊗ 27'454.

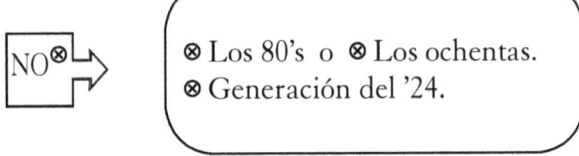

⊗ Los 80's o ⊗ Los ochentas.
⊗ Generación del '24.

3.2.9 Asterisco (*)

El asterisco se sitúa en la parte superior del renglón.

3.2.9.1 Usos del asterisco

a) Se utiliza como llamada de nota en cualquier lugar de un texto. Cuando hay varias llamadas o notas en la misma página, se aumenta progresivamente el número de asteriscos (**), (***). Este signo es el habitual en fórmulas o tablas numéricas, pues evita la confusión con cifras o letras.

b) También se emplea en formularios electrónicos para indicar los campos que deben cumplimentarse de forma obligatoria.

c) En referencias bibliográficas se utilizara para distinguir las obras citadas de las consultadas.

d) En lingüística, el asterisco se antepone a una construcción para marcarla como agramatical:

*¿Esperas usted?

e) En lingüística histórica, se antepone a una voz en informaciones o comentarios etimológicos para indicar que se trata de un vocablo hipotético, cuya existencia se supone pero no se ha documentado por escrito:

*bava,

*appariculare.

f) Antepuesto o pospuesto a una palabra en el cuerpo del artículo de un diccionario, el asterisco señala que dicha palabra tiene entrada propia en la obra:

Salmodia. Se llama así a la forma de cantar salmos* en el culto católico.

g) En el estilo tradicional de edición, un bloque de tres asteriscos centrados, ya dispuestos en la misma línea, ya en forma de triángulo (***), marcaba el final de una sección o capítulo. Actualmente se utiliza en su lugar una o más líneas en blanco.

h) En los versículos litúrgicos se insertaba el asterisco (precedido y seguido de espacio) en los versículos para ayudar a la correcta colocación de las pausas en la recitación:

Porque el Señor conoce el camino de los justos; * mas la senda de los malos perecerá.

i) Una secuencia de tres o más asteriscos puede utilizarse

para eludir la reproducción de palabras malsonantes o de nombres propios que no se desea dar a conocer:

Dinner chez les M***.

Con finalidad eufemística, hoy se utilizan más habitualmente los puntos suspensivos para eludir la reproducción de palabras malsonantes:

Ese hijo de p...

j) El asterisco también se utiliza como signo doble para delimitar la palabra o expresión que debería aparecer en negrita. El asterisco precede y cierra el fragmento destacado sin espacio de separación:

Te he dicho que no tengo *nada* que ver en ese asunto.

Este empleo se deriva del uso tradicional entre editores y tipógrafos para encerrar las palabras que debían imprimirse con resalte u otro tipo de letra.

3.2.10 Flecha (→, ←, ↔, ↑, ↓, ↕)

Su figura reproduce esquemáticamente la del arma arrojadiza.

3.2.10.1 Usos de la flecha

a) Puesto al margen o en el texto, este signo indica que lo señalado es útil, interesante o anuncia divisiones. Antiguamente, para este fin se empleaba la manecilla. Es frecuente en esquemas y guiones, y, en algunas obras, se emplea para hacer remisiones internas. La flecha nunca debe sustituir a los dos puntos.
b) Dentro de un texto o enunciado, antes del identificador numérico o alfanumérico de un epígrafe, apartado o sección de ese texto, la flecha horizontal indicando hacia la derecha se utiliza para señalar que se debe ir a ese punto. En este uso, puede alternar con la abreviatura *v.* ('véase').
c) En obras lexicográficas aparece la flecha apuntando hacia un término que encabeza el artículo donde se define la voz situada a la izquierda: filme → película (véase: Ortografía, 437-438).
d) La flecha en carteles o indicaciones señala la dirección que se debe seguir para llegar a algún lugar:

3.2.11 Calderón (¶)

¶ ¶ ¶ ¶ ¶ ¶ ¶

Este signo tipográfico se empleaba en la antigüedad para marcar los diferentes párrafos. Se le llama también antígrafo o simplemente signo de párrafo. No es un símbolo alfabético y varía según el tipo de letra:

En la Edad Media marcaba una nueva línea de pen-

> El calderón aparece ya utilizado en manuscritos medievales señalando el final de un párrafo y comienzo del siguiente cuando no se había establecido aún la costumbre de comenzar cada uno de ellos en una nueva línea, o bien marcando estrofas e incluso versos en textos poéticos. Los primeros impresores reprodujeron el calderón en sus obras con este mismo fin al principio de cada párrafo, si bien hacia el siglo XV se inició, además, la práctica de comenzarlos en una nueva línea. Dado que el calderón y las letras capitulares solían escribirse a mano, a menudo en otro color, muchas ediciones impresas aparecían con un espacio en blanco reservado para estos signos, que terminó dando lugar a la sangría característica del comienzo del párrafo de estilo tradicional. El uso conjunto de la puntuación final, la nueva línea y la sangría hizo cada vez menos necesaria la aparición del calderón, que solo siguió utilizándose para preceder a los números de foliación (Ortografía, 439).

samiento en un texto, antes de adoptar la práctica habitual de separar párrafos independientes.

En la actualidad este signo no tiene uso alguno en los textos impresos. Se ha recuperado su figura en las aplicaciones informáticas de procesamiento de textos más habituales, como símbolo no imprimible que marca el final del párrafo en la pantalla de visualización.

En obras de referencia o manuales se emplea también para indicar que la información que sigue tiene un carácter complementario o adicional.

3.2.12 Párrafo (§)

Este símbolo presenta la forma de dos eses enlazadas. Debe dejarse siempre un espacio entre el signo y la numeración que lo acompaña y no deben quedar dispuestos en líneas diferentes. También varía con el tipo de letra:

§ § **§** § § §

Aparece en los primeros textos impresos, a menudo precedido y seguido de un punto. Inicialmente su uso era el mismo que el del calderón, porque marcaba el final de un párrafo o verso y el comienzo de otro. Posteriormente, se limitó su uso a los encabezamientos y a los elementos de titulación, señalando el comienzo de un capítulo, sección o apartado: *§ 2, § 20.3a*.

Hoy se antepone al identificador numérico o alfanumérico correspondiente a una de las divisiones del texto para establecer una remisión a ella. Cuando se hace referencia a más de un párrafo, el signo se duplica: *véanse los §§ 2.9 y 4.7*. (Ortografía, 439-440).

4. Otros símbolos o signos comunes

En este apartado se seleccionan solo algunos de los caracteres agrupados en la «Lista de símbolos o signos no alfabetizables», «porque no están formados por letras [...]». / «Cuando alguno de ellos tiene varios valores, estos se separan unos de otros mediante una pleca doble (||)», (Apéndice 3, Ortografía, 719-720). A los tomados de esa lista, se agregan la bolaspa, signo empleado a lo largo de este escrito y el obelisco o daga.

«Los símbolos son abreviaciones de carácter científico-técnico y están constituidos por letras o por signos no alfabetizables. En general, son fijados convencionalmente por instituciones de normalización y poseen validez internacional. No obstante, hay símbolos de uso tradicional que no han sido fijados por las instituciones de normalización, cuya validez se restringe muchas veces a ámbitos geográficos limitados; es el caso, por ejemplo, del símbolo 0 (Oeste), usado en el ámbito hispánico, y que, en el sistema internacional, es es W (del ingl. West)» (RAE, Diccionario panhispánico de dudas; http://lema.rae.es/dpd/?key=s%C3%ADmbolo).

⊗, @, ©,
(°, °C, °F),
®, $, ™, &,
(+, -, ±, <, >, =, ≤, ≥, ≠, ≅, ÷, !, ∫, ∞, √,),
%, ‰, †.

4.1 Bolaspa (⊗)

Es una x encerrada en un círculo, cuya función es señalar que lo que sigue es incorrecto. Se emplea en las citas y ejemplos que ilustran usos erróneos y por tanto desaconsejados.

4.2 Arroba (@)

La arroba es una medida de peso variable según las regiones, su símbolo es @. Este símbolo se emplea en informática; especialmente, en las direcciones de correo electrónico (véase: Moliner).

4.3 Derechos de autor (©)

[C]opyright (ingl.: 'derechos de autor'). «Derechos de autor. Los que cobra el autor de una obra literaria, científica o artística por la representación, reproducción o exhibición en público de ellas» (Moliner). El signo comunica que el autor de la obra publicada o una institución (que tenga la concesión) posee los derechos de autor.

4.4 Grado (°)

«Unidad de medida de ciertos valores físicos, como la temperatura, la presión o la densidad» (Moliner). «Grado centígrado [o Celsius] Fís. Cada uno de los grados en que se divide la escala centígrada o Celsius. Símb. °C.». «G. Fahrenheit Fís. Cada uno de los grados en que se divide la escala Fahrenheit. Símb. °F.» (Moliner).

4.5 Marca registrada (®), (™)

«Denominación comercial anotada en un registro público que es reconocida legalmente» (Moliner). «®*registered trademark* (*ingl.:* 'marca registrada'; *cf.* ™)». ® significa que el producto está registrado. Si la marca se usa sin permiso, el propietario puede entablar acción judicial para proteger su marca. ™ significa que la marca no está registrada y se usa para realizar la promoción de ese producto.

4.6 Símbolos monetarios

[₿] balboa (moneda oficial de Panamá); [¢] centavo; [¢] colón (moneda oficial de El Salvador y Costa Rica); [€] euro (moneda oficial de los países de la «zona euro» de la Unión Europea: Alemania, Austria, Bélgica, España, Finlandia,

Francia, Grecia, Irlanda, Italia, Luxemburgo, Países Bajos y Portugal; también es la moneda de Andorra, Ciudad del Vaticano, Mónaco y San Marino, y circula en Montenegro y Kosovo); [£] libra esterlina (moneda oficial del Reino Unido de Gran Bretaña e Irlanda del Norte); [L$] lempira (moneda oficial de Honduras); [$] peso (moneda oficial de la Argentina, Chile, México [*también, preferido,*] y el Uruguay [...]) ‖ «dólar (moneda oficial de los Estados Unidos de América, Puerto Rico y el Ecuador); [$] peso (moneda oficial de Colombia, Cuba, México [*también, no preferido,* $] y República Dominicana); [¥] yen (moneda oficial de Japón), (véase: Ortografía, 719-720).

4.7 & ET (*lat.: y*).

> La conjunción et se indicaba por medio de tres signos
>
>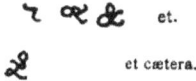
>
> El primero, de figura semejante a la de un 7, con su extremidad inferior algo encorvada hacia la derecha, fue el de uso más general. Su origen debe buscarse en la escritura romana cursiva, en la cual la t, al enlazarse con una letra que la antecediera, tenía esta figura. El segundo, también de uso muy frecuente en los documentos de los siglos XII y XIII, era el nexo de las letras e t, en forma semejante a como se había usado en la escritura visigoda, merovingia, sajona y lombarda. El tercero, semejante a nuestro &, que de él se ha originado, se derivó del que acabamos de describir, y se generalizó en los documentos latinos de los siglos XIV al XVIII (Muños y Rivero, 91).

4.8 Signos de las matemáticas $(+, -, \pm, <, >, =, \leq, \geq, \neq, \cong, \div, !, \int, \infty, \sqrt{},)$

Más (+); (-) menos; (±) más menos; (<) menor que ∥ procede de (*Filol.*); (>) mayor que; ∥ pasa a (*Filol.*) (=) igual a; (≤) menor o igual que; (≥) mayor o igual que; (≠) no igual a; (≅) semejante a; (=>) implica; (✕) por, multiplicado por; (÷) entre, dividido por; (!) factorial; (∫) integral; (Ø) conjunto vacío; (∞) infinito; (°) grado de ángulo; (%) por ciento; (‰) por mil; (√) raíz.

4.9 Obelisco o daga (†)

Este es un signo tipográfico muy usado. Ya en el pasado lo definieron: «Obelisco, señal que se suele poner en la margen de los libros para notar alguna cosa particular, así (†)» (Conelly, 280).

«Fallecido (†) *(junto al nombre de una persona)*» (Ortografía, 719).

Bibliografía

Alcina Rovira, Juan F. «Nuevos datos sobre el impresor y helenista Felipe Mey». *Revista de estudios latinos* (RELat) 5 (2005): 245-255.

Alcoba, Santiago. «Puntuación y melodía de la frase». *La expresión oral*. Santiago Alcoba (coord.). Barcelona: Editorial Ariel, S. A., 2000. 147-186.

Avalle-Arce, Juan Bautista. «Los testamentos de Alejo Venegas». *Dintorno de una época dorada*. Juan Bautista Avalle Arce. Madrid: José Porrúa Turranzas, 1978: 137-172.

Beneroso Otáduy, Laura. «La puntuación como contenido significativo en la enseñanza y el aprendizaje de la sintaxis, propuesta didáctica y confirmación experimental». *Actas del primer Congreso Internacional Nebrija en lingüística aplicada a la enseñanza de las lenguas*. Vol. 1. Madrid: Universidad Nebrija, 2013. 130-138.

Bustos Tovar, Jesús de. «Las propuestas ortográficas de Gonzalo Correas». *Dicenda: Cuadernos de Filología Hispánica* (Madrid - Universidad Complutense) 16 (1998): 41-62.

Codoñer, Carmen. «La edición de Juan de Grial de las *Etymologiae* de Isidoro de Sevilla, un informe de Juan de Mariana y el trabajo de Alvar Gómez de Castro». *Faventia* (Universitat Autònoma de Barcelona. Departament de Filologia Clàssica) 31, Fasc. 1-2 (2009): 213-225.

Conelly, Tomas y Tomas Higgins. «*Diccionario nuevo de las dos lenguas española é inglesa, inglesa y española. Que contiene las significaciones de sus voces, con sus diferentes usos, los términos de artes, ciencias y oficios; las construcciones, idiomas y proverbios que se usan en cada una de ellas: todo extractado de sus mejores autores, y considerablemente aumentado por los padres maestros Fr. Tomás Conelly, Religioso Dominico, y Confesor de Familia de Su Magestad Católica; y Fr. Tomas Higgins, Carmelita Calzado, y Confesor de Extranjeros en el Real Sitio de S. Ildefonso*». Tomo I. Madrid: en la Imprenta Real, por don Pedro Julián Pereyra, 1797.

Figueras, Carolina. «La puntuación». *Manual práctico de escritura académica*. III. Estrella Montolio, et al. Barcelona: Ariel, 2000. 77-151.

Gómez Torrego, Leonardo. *Manual de español correcto. I. Acentuación, puntuación, ortografía, pronunciación, léxico, estilo*. 8ª edición. Madrid: Editorial Arco/Libros, S. L., 1997.

Gutiérrez Cabrero, Ángel Manuel. *La enseñanza de la caligrafía en España a través de los Artes de Escribir de los siglos XVI al XX: la construcción de un estilo de escritura*. Madrid: Universidad Complutense, 2015 [Disertación doctoral].

Hubert, M. «Le vocabulaire de la "ponctuation" aux temps médiévaux, un cas d'incertitude lexicale». *A.L.M.A.* [*Archivum Latinitatis Medii Aevi*] (Bruxelles, Belgique) Vol. XXXVIII (1971-1972): 57-167.

Korreas, Gonzalo. *Ortografia kastellana nueva y perfeta*. Salamanka: Xazinto Tabernier Impresor, 1630.

Martínez, Bernabé Bartolomé. *La educación en la Hispania antigua y medieval*. Madrid: Ediciones Morata, 1992.

Martínez Marín, Juan. La evolución de la ortografía española: perspectiva historiográfica». *CAUCE. Revista de filología y su didáctica* (Universidad de Sevilla) 14-15 (1992): 125-134.

Mey, Philippi. «De orthographia libellus vulgari sermone scriptus, ad usum tironum. Instruction para bien escribir en lengua latina y española». Bartolomé Bravo. *Thesaurus verborum ac phrasium, ad orationem ex Hispana Latinam efficiendam, et locupletandam:* auctore Bartholomaeo Brauo Societatis Iesu sacerdote. Accessit huic editioni Philippi Mey de orthographia libellus vulgari sermone scriptus a vsum tironum.Çaraçoa: Apud Angelum Tauannum, 1607. 165-178.

Moliner, María. *Diccionario de uso del español. Edición electrónica. Versión 3.0*. Madrid: Editorial Gredos; Barcelona: Entity XML–Editorial, S. L., 2008.

Modern Language Association. *MLA Handbook for Writers or Research Papers*. 7th edition. New York: The Modern Language Association of America, 2009.

Muñoz y Rivero, Jesús. *Manual de paleografía española de los siglos XII al XVII: Método teórico-práctico para aprender a leer los documentos españoles de los siglos XII al XVII*. Madrid: Daniel Jorro Editor, 1817.

Palomino Tizado, Natalia. «Juan Ignacio Laguna. La *Philosophía moral* en el Guzmán apócrifo: la autoría de Juan Felipe Mey a la luz de las nuevas fuentes». *Lemir* 17 (2013): 1-3. [Reseña].

Perona, José. *Antonio de Nebrija: Lebrija (Sevilla) 1441 o 1444 - Alcalá de Henares 1522*. Murcia: EDITUM (Ediciones de la Universidad de Murcia), Servicio de Publicaciones, 2010.

Real Academia Española. *Orthographia española*. Madrid: Imprenta de la Real Academia Española, 1741.

Real Academia Española – Asociación de Academias de la Lengua Española. *Nueva gramática de la lengua española. Manual*. Madrid: Espasa Libros, S. L. U., 2010. [Citado como NGLEm].

Real Academia Española – Asociación de Academias de la Lengua Española. *Ortografía de la lengua española*. [2010]. México: Editorial Planeta Mexicana, S. A. de C. V., 2011. [Citado como Ortografía].

Santiago, Ramón. «La puntuación según Nebrija». *Dicenda: Cuadernos de Filología Hispánica* (Madrid - Universidad Complutense) 14 (1996): 274-284.

S. Isidori. *Diui Isidori Hispal. Episcopi Opera...* Madriti: ex Typographia Regia, 1599.

S. Isidori. *S. Isidori Hispalensis Episcopi Hispaniarum Doctoris Opera Omnia Denuo correcta et aucta recensente Faustino Arevalo...* [tomus III, Etymologiarum libri X priores]. Romae: Typis Antonii Fulgonii, 1798.

San Isidoro de Sevilla. *Etimologías. Edición bilingüe.* Eds. José Oroz Reta y Manuel A. Marcos Casquero. I: Libros I-X. Texto latino, versión española y notas por José Oroz Reta y Manuel A. Marcos Casquero; introducción general por Manuel C. Díaz y Díaz. Madrid: Biblioteca de Autores Cristianos, MCMLXXXII.

Sebastián Mediavilla, Fidel. *La puntuación en el Siglo de Oro (teoría y práctica).* Barcelona: Universitat Autònoma de Barcelona. Departament de Filologia Espanyola, 2000. [Disertación doctoral].

Seville, Isidore of. *The Etymologies of Isidore of Seville.* Barney, Stephen A. Barney (ed. and trans.), W. J. Lewis, J. A. Beach (trans.), Oliver Berghof (trans.). Cambridge: Cambridge University Press, 2006.

Vanegas, Alexo. *Tractado de orthographia y accentos en las tres lenguas principales.* Toledo: En casa de L. Salvago Ginoves, 1531.

Villalón, Cristóbal. *Gramática castellana. Arte breue y compendiosa para saber hablar y escreuir enla lengua Castellana congrua y deçentemente / Por el liçençiado Villalon.* Anvers: En casa de Guillermo Simon, a la enseña del Abestruz, MDLVIII.

Yciar, Juan de. *Recopilación subtilíssima: intitvlada Ortographía práctica: por la qual se enseña a escriuir perfectamente ansí por práctica como geometría todas las suertes de letras que más en nuestra España y fuera della se vsan.* He-

cho y experimentado por Iuā de Yciar Vizcayno escriptor de libros. Y cortado por Juan de Vingles Frances. Es materia de si muy prouechosa para toda calidad de personas que en este exercicio se quisieren exercitar. Çaragoça: por Bartholo / me de Nagera. M. D. XL. VIII. Saragossa, 1548.

Zuili, Marc. «Algunas observaciones acerca de un moralista toledano del siglo XVI: Alejo Venegas de Busto». *Criticón* (Presses Universitaires du Mirail) 65 (1995): 17-29.

www.ingramcontent.com/pod-product-compliance
Lightning Source LLC
Chambersburg PA
CBHW020805160426
43192CB00006B/442